가장 중요한 것

배 굉 호 지음

도서
출판 **영문**

The First Priority

- Sermon Collection for Reformed Evangelism -

By

Rev. Goeng-ho Bae (Th.D)

2002
Young Moon Publishing Co.,
Seoul, Korea

추천사

고신대학교 총장 황 창 기

　길을 걸으며 마주치는 수많은 사람들은 무척 바빠 보입니다. 그 사람들은 분명 어떤 목적을 가지고 무엇을 하기 위해 어딘가로 가느라고 걷고 또 걷는 것일 겁니다. 우리는 저마다 자신에게 주어진 시간을 알차게 보내고자 순간순간 노력하며 삽니다. 그러나 무작정 이렇게 열심히만 살면 되는지 때로 의문이 생기기도 합니다. '내가 정말 바른 길로 가고 있는 것일까?' '이것이 최선의 삶일까?' 그러기에 사람들은 너나 할 것 없이 인생의 어느 순간엔가는 반드시 한번쯤 '우리 인생에 가장 중요한 것이 무엇일까?' 하는 물음을 가지게 되는가 봅니다.

　사람들은 이 땅에서 좀 더 편안하고 넉넉한 삶을 살고자 노력합니다. 그래서 돈을 모으고, 또 눈에 보이는 것만이 확실한 것인양 열심히 소비하고 자랑하며 그렇게 삽니다. 그렇지만 정말 이것만이 전부일까요?

　예수님을 믿고 사는 그리스도인들은 그것이 전부가 아님

을 잘 알고 있습니다. 하나님께서는 우리 인간을 하나님의 형상대로 지으셨습니다. 그래서 우리는 그분의 뜻과 섭리 안에서 삶을 살아갈 때만이 처음 지음 받은 그대로의 자유와 행복을 누릴 수 있는 존재들입니다. 성경 말씀은 이것을 분명히 증거하고 있습니다. 우리를 사랑하시는 하나님 아버지와 예수님을 만나고 우리의 삶의 최우선으로 모셔들일 때 우리는 점차 어떻게 살아야 할지, 인생에 있어서 가장 중요한 것이 무엇인지 알아가게 됩니다. 이처럼 중요하고 인생의 대전환점이 되는 이 복된 말씀은 누구에게나 정말 필요한 것입니다.

이 귀한 복음을 누구나 쉽게 이해하고 깨닫도록 그동안의 목회 현장에서 혼신의 힘을 다해 준비한 설교들을 모아 이번에 배광호 목사님이 전도설교집 『가장 중요한 것』을 출간하게 되었습니다. 배 목사님은 남천교회 담임 목사로 성실히 목회에 힘쓰는 목회자요, 고신대학교와 신대원에서 겸임교수로 봉사하고 계실 뿐 아니라 꾸준히 많은 책들을 펴내는 성실한 분이십니다. 이번에 수록된 전도에 관한 설교들을 읽으면서 배 목사님이 얼마나 영혼들을 뜨겁게 사랑하는지 새삼 느끼게 됩니다. 아무쪼록 이 전도 설교집을 통해 더 많은 이들이 예수님을 만나고 삶이 변화되는 놀라운 역사가 일어나기를 바라며 기쁨으로 이에 추천하는 바입니다.

주후 2002년 9월

머리말

할렐루야!

위대하신 사랑으로 죄인을 구원하시는 하나님을 찬양합니다. 하나님께서 우리 인생을 사랑하시어 십자가의 위대하신 사랑으로 우리를 구원하시고 이 소식을 모든 인생에게 전파하라고 하셨습니다.

부족한 종은 우리 남천교회에서 해마다 '전도축제'를 열어서 많은 분들을 초청하여 구원의 복음, 생명의 말씀을 전파할 수 있는 특권과 은혜를 가지고 있습니다. 해마다 수천 명의 영혼들에게 「우리 인생에게 가장 중요한 것」이 무엇인가를 전파했습니다. 이 전도축제를 통하여 많은 심령들이 변화를 받고 주 예수님을 영접하고 회개하여 새로운 피조물이 되는 역사가 해마다 계속되고 있습니다. 그 중에 이미 세례받고, 제자 훈련을 거쳐 교사가 되고 집사로 봉사하는 분들도 많이 있습니다.

금번에 발간되는 「가장 중요한 것」은 이 전도축제 기간에 선포되었던 설교 중에서 일부를 발췌하여 간결한 문체로 기록된 이 책은 전도설교로 또한 바로 전도지가 될 것입니다. 그리고 이미 구원받은 우리 성도들에게도 주 예수 그리스도의 크신 사랑에 다시 한번 감격하며 감사와 기쁨을 회복하는 메시지가 될 것입니다.

이 책을 통하여 예수 그리스도를 알지 못하는 분들에게는 구원의 역사가 일어나며, 믿음을 가진 분들에게는 더욱 더 구원의 은혜에 감격하며 복음 전파에 힘쓰는 역사가 일어나기를 간절히 소망합니다.

이 책자가 출판될 수 있도록 기도해 주시고 협력해 주신 모든 성도들에게 감사드리며, 특히 출판위원장을 비롯한 출판위원들과 김상수 강도사님, 공혜숙 전도사님께 깊은 감사를 드립니다. 종전과 같이 이 책의 모든 수익금은 교회확장헌금으로 바쳐질 것입니다.

"오직 하나님께 영광" (Soli Deo Gloria)
"오직 은혜" (Sola Gracia)

주후 2002년 9월
남천교회를 섬기는 종 배광호

차례

추천사 • 3
머리말 • 5

1. 나그네 세월(창세기 47:7-12) • 9
2. 부자와 거지(누가복음 16:19-31) • 25
3. 목마른 여인(요한복음 4:5-18) • 37
4. 어리석은 부자(누가복음 12:11-21) • 49
5. 죄 없는 자가 돌로 치라(요한복음 8:1-11) • 63
6. 우리의 인생 1(시편 90:10-12) • 75
7. 돌아온 아들(누가복음 15:11-24) • 89
8. 부자 청년(누가복음 18:18-27) • 103

9. 꿈을 가진 소년(창세기 39:1-6) • 117

10. 바디매오의 구원(마가복음 10:46-52) • 131

11. 하나님은 당신을 사랑하십니다(요한복음 3:16) • 145

12. 가장 중요한 것(마태복음 6:31-34) • 157

13. 세월을 아끼라(에베소서 5:15-18) • 169

14. 우리의 인생 2(시편 90:10-12) • 183

15. 복된 삶(시편 1:1-2) • 195

16. 행복한 삶(빌립보서 4:11-13) • 207

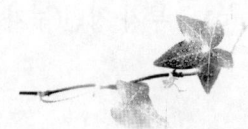

나그네 세월

요셉이 자기 아비 야곱을 인도하여 바로 앞에 서게 하니 야곱이 바로에게 축복하매 바로가 야곱에게 묻되 네 연세가 얼마뇨 야곱이 바로에게 고하되 내 나그네 길의 세월이 일백 삼십 년이니이다 나의 연세가 얼마 못되니 우리 조상의 나그네 길의 세월에 미치지 못하나 험악한 세월을 보내었나이다 하고 야곱이 바로에게 축복하고 그 앞에서 나오니라 요셉이 바로의 명대로 그 아비와 형들에게 거할 곳을 주되 애굽의 좋은 땅 라암세스를 그들에게 주어 기업을 삼게 하고 또 그 아비와 형들과 아비의 온 집에 그 식구를 따라 식물을 주어 공궤하였더라

(창세기 47:7-12)

나그네 세월

지난 추석 때에는 비록 IMF로 인해 경제 사정이 어려웠음에도 약 3천만 명의 사람들이 고향을 찾아 나섰습니다. 우리 교회도 많은 분들이 고향을 다녀왔습니다. 아무리 고향을 떠나 오래 살아도 고향은 잊을 수 없습니다. 저도 공부하느라 수년 간 고향을 떠나 외국에서 생활을 한 경험이 있습니다. 그때 항상 저의 마음에는 우리 고향, 우리 고국에 대한 그리움이 있었습니다. 그것은 그곳의 생활이 나그네 생활이었기 때문에 고향을 그리워했던 것입니다. 서울에 있으나, 미국에 있으나, 아프리카에 있으나, 중국에 있으나 우리는 잠깐 다녀오는 나그네에 불과합니다.

오늘 성경 본문에 이스라엘 민족의 조상인 야곱이 애굽의 바로왕을 만나는 장면이 나옵니다. 바로왕이 야곱에게 "네 연세가 얼마뇨?" 하고 물었을 때, 그의 대답이 "내 나그네의 세월이 일백 삼십 세니이다."라고 대답했습니다.

야곱은 그의 생애를 나그네의 세월이라고 분명히 표현하고 있습니다. 그렇습니다. 우리도 나그네 세월을 보내고 있습니다. 그렇다면 우리는 돌아갈 본향이 있다는 것입니다. 그렇습니다. 우리 인생은 이 땅에서 살다가 끝나버리는 존재가 아닙니다. 우리에게는 이 세상의 나그네길을 마친 후에 돌아갈 본향이 있습니다. 우리는 이 땅에서의 삶을 마감하면 하나님이 예비해 놓으신 너무도 아름답고 영원한 천국 본향에 가서 살 나그네들입니다. 따라서 우리가 사는 이 땅의 생활이 나그네 세월임을 아는 자는 지혜로운 사람들입니다. 그리고 성공적으로 나그네 세월을 보낼 수 있는 사람들입니다.

1. 나그네 세월은 짧고 무상합니다.

이스라엘의 족장 야곱은 애굽의 총리가 된 아들 요셉의 인도로 애굽왕 바로 앞에 섰습니다. 이 방문은 공적인 방문이라기보다 개인적인 면담으로 볼 수 있습니다. 먼저 왕을 만났을 때에 야곱은 왕에게 축복을 했다고 성경은 말씀합니다. "요셉이 자기 아비 야곱을 인도하여 바로 앞에 서게 하니 야곱이 바로에게 축복하매"(창세기 47:7).

이때 왕이 야곱에게 물었습니다. "네 연세가 얼마뇨?" 야곱이 대답했습니다. "연세가 얼마 못되니 우리 조상의 나그네의 세월에 미치지 못하나". 야곱은 자기가 걸어온 길이 나그네 인생임을 고백합니다. 그리고 그는 나그네의 세월이 짧다는 것을 고백하고 있습니다. 야곱의 나그네 세월이 130년이나 그의 조상들에 비하면 길지 못하다는 말입니다. 실제로 조상들은 오랜 세월을 살았습니다. 아브라함은 173년, 이삭도 180년을 살았습니다. 우리가 보기에 130년이 긴 세월처럼 보이나 야곱은 짧다고 보았습니다.

그래서 인생은 풀과 같고 꽃과 같다고 표현했으며, 잠깐 보이다가 없어지는 안개와 같다고 말했습니다. 사실 영원한 시간에 비추어 볼 때 우리 인생은 하나의 경점에 불과합니다.

이스라엘의 위대한 지도자 모세는 "우리의 연수가 70이요 강건하면 80이라도 그 자랑은 수고와 슬픔 뿐이요 신속히 가니 날아가나이다"라고 말했습니다. 모세는 세월이 날아간다고 표현합니다.

나그네의 세월은 영원히 한 곳에 머물지 않고 지나간다는 것입니다. 한 곳에서 태어나 그 곳에서 죽을 때까지 사는 사람은 아주 드물 것입니다. 우리는 여러 가지 사정에 따라서 이사를 할 수밖에 없는 나그네 인생입니다. 이 세상에 영원히 사는 것이 아니라 떠나야 하는 나그네입니다.

우리는 영원히 이곳에 머물지 않습니다. 100년 후에 이 자리에 있을 분이 얼마나 되겠습니까? 50년, 30년, 20년, 10년 후에 이 자리에 있을 분이 얼마나 되겠습니까? 20, 30대 청년들도 조금 지나면 40대, 50대가 됩니다. 그래서 사람들은 늙는 것이 싫어서 발버둥칩니다.

옛 사람들은 노래를 지어 부르기도 했습니다.

> 내 청춘 누구 주고 뉘 백발 가져오고
> 백발이 오고 가는 길 알았던들 막을 것을
> 알고도 못 막는 길이니 그는 서러워하노라

> 한 손에 가시 쥐고 또 한 손에 막대 들고
> 늙는 길 가시로 막고 오는 백발 막대로 치렸더니
> 백발이 제 먼저 알고 지름길로 오더라

세월이 흘러가는 것을 우리 손으로 잡을 수는 없습니다. 아무리 머리에 염색을 해도 아무리 색깔 있는 옷을 입으며 늙는 것을 막고 숨기려해도 엄연한 자연의 섭리를 우리가 어찌 막을 수 있으며 피할 수 있겠습니까? 우리의 나그네 인생은 빨리 지나가는 것입니다.

중세시대 이탈리아에 어느 젊은이가 있었습니다. 그는 허랑 방탕하게 지내다가 어느날 한 친구의 집에서 밤새도록 술을 마시고 함께 잠을 자는데 옆에 있던 친구가 갑자기 죽고 말았습니다. 친구의 비참한 최후를 통해서 이 젊은이는 하나님의 음성을 듣게 되었습니다. 성경은 말씀합니다. "이 세상이나 세상에 있는 것들을 사랑치 말라 누구든지 세상을 사랑하면 아버지의 사랑이 그 속에 있지 아니하니 이는 세상에 있는 모든 것이 육신의 정욕과 안목의 정욕과 이생의 자랑이니 다 아버지께로 좇아온 것이 아니요 세상으로 좇아온 것이라 이 세상도 그 정욕도 지나가되 오직 하나님의 뜻을 행하는 이는 영원히 거하느니라"(요한일서 2:15-17). 그는 완전히 변화되었습니다. 인생은 잠깐 왔다가 갑자기 가는 짧은 인생이라는 사실을 알았습니다. 남은 세월을 보람 있게 살고자 결심했습니다. 그래서 그는 '월렌시안교회'(Walensian Church)를 세웠습니다. 바로 그 사람이 "Peter Water"입니다.

현명한 사람은 내가 지금 나그네의 길을 걷고 있는 것을 아는 사람입니다. 지혜자는 자신의 인생이 짧고 허무한 것을 아는 사람입니다. 지혜자 모세는 "우리에게 우리 날 계수함을 가르치사 지혜의 마음을 얻게 하소서"라고 기도했습니다.

내가 살아온 나이가 얼마나 됩니까? 나그네 인생이 짧고 허무함을 바로 아는 사람일수록 현명한 사람입니다. 반면 어리석은 사람은 자기가 도대체 얼마나 살아왔으며 어떻게 살아왔고, 또 앞으로 얼마나 살 수 있을 것인가를 모른 채 생각 없이 무절제하게 사는 사람입니다.

우리의 육신은 장막집과 같습니다. 여름에 캠핑이나 수련회에 가면 제일 먼저 텐트를 단단하게 쳐야 합니다. 그러나 며칠 지나면 다시 다 거두어 집으로 돌아옵니다. 이것이 우리 인생입니다. 땅의 장막은 언젠가는 무너질 날이 올 것입니다.

미국의 애덤스 대통령이 은퇴를 했습니다. 나이가 많아 지팡이를 짚고 언덕길을 오르다가 숨이 차서 지팡이를 허리에 대고 잠깐 쉬고 있었습니다. 그때 지나가던 청년이 "각하, 안녕하십니까?" "자네 보다시피 내가 안녕하지 못하네. 내 장막집이 무너지려고 해서 이 시간 준비하고 있네." "각하, 요즈음 불편하신 데가 많습니까?" "자네가 알다시피 내 집은 낡아서 지붕은 다 벗겨져 버리고, 창은 낡아서 찢어지고, 기둥은 흔들려서 안정성이 없고, 들보는 굽고, 그래서 지팡이를 의지하는 걸세." 이 말을 들은 청년은 이해를 못하고 어리둥절해 하고 있었습니다. "각하, 무슨 말씀을 그렇게 하십니까?" "아니 청년이 그 말도 모르나? 내 지붕은 머리인데 다 벗겨져서 성큼성큼 털 몇 개만 남았는데 이것도 벗겨질 날이 얼마 남지 않았고, 창은 눈인데 낡아 어두워졌고, 기둥은 두 다리인데 힘이 없어 흔들 흔들거리고, 들보는 허리인데 쇠하여 구부러져서 지팡이로 지금 의지하고 있지 않는가? 이것도 곧 무너지게 되어 내가 지금 이 시간 이사갈 준비를 하고 있다는 걸세."

여러분, 우리 인생은 잠깐 머물다가 떠나야 하는 나그네 세월을 살고 있습니다.

2. 나그네의 길은 험악한 세월이었습니다.

야곱은 그의 130년 간의 인생을 한마디로 표현하기를 '험악한 세월을 보내었다.'는 것입니다.

"험악한 세월을 보내었나이다"(창세기 47:9)를 영어로 번역하면 "few and evil, few and difficult"입니다. 험악하고 어려운 일을 많이 경험했다는 것입니다. 나그네 인생길은 영광과 기쁨과 환희와 자랑도 있겠으나 부끄럼과 슬픔과 후회와 고난의 연속입니다. 야곱의 인생은 그야말로 한편의 드라마를 보는 듯한 파란 만장한 세월이었습니다. 과연 그의 인생은 험악한 세월이라고 표현할 만했습니다. 출생부터 형 에서와

서로 먼저 세상에 나오려고 싸웠습니다. 그래서 동생으로 태어나는 것이 억울해서인지 형의 발뒤꿈치를 붙들고 따라 나왔습니다. 쌍둥이 동생으로 태어난 것이 평생 후회스러웠습니다. 그때부터 경쟁이 시작되었습니다. 야곱은 배고픈 형을 속이고 팥죽 한 그릇에 장자권을 빼앗아 버렸습니다. 아비를 속이고 어머니와 공모해서 축복기도를 빼앗았습니다. 그래서 형이 죽이려 했기 때문에 그는 피난을 가지 않으면 안 되었고, 멀리 하란에 있는 외삼촌의 집으로 떠나는 이산가족의 슬픔을 맛보아야 했습니다. 도망을 치던 그는 밤중에 돌을 베개하고 자던 중 꿈속에서 하나님을 만납니다. 그는 꿈속에서 놀라운 하늘 나라의 광경을 보았습니다. 사닥다리가 놓여지고 하늘과 땅 사이에 천사들이 오르락내리락 하는 것을 보았습니다. '내가 너를 떠나지도 않고 버리지도 않고 함께 하리라. 너를 축복하겠다. 다시 이곳으로 돌아오게 하겠다.' 는 하나님의 음성도 듣습니다. 그는 놀라운 은혜를 체험했습니다. 하란에 도착하여 외삼촌 집에서 사는 20년 동안 두 아내를 얻고 재산을 일구기 위해서 불철주야 일만 했습니다. 그러나 그는 외삼촌에게서 여러 차례 속임을 당했습니다. 그는 드디어 하나님의 명령을 받고 고향으로 도망치고 그 뒤를 추격하는 외삼촌과의 갈등, 그리고 화해와 이별을 하게 됩니다. 형 에서가 400명의 군사를 이끌고 온다는 소식을 듣고 밤새도록 고민하며, 얍복강에서 하나님과 씨름하다가 환도뼈가 부러지고 드디어 하나님으로부터 '이스라엘' 이라는 이름을 명명 받게 됩니다. 그리고 형 에서와 극적인 화해를 이룹니다. 벧엘로 올라가지 않고 이방인의 땅 주변에 머물러 있다가 외동딸 디나가 강간을 당하는 수치를 경험합니다. 그러자 이에 분노한 아들들이 세겜 족속을 속이고 잔인한 복수극을 벌입니다. 결과 한 족속 모두를 집단적으로 학살하는 사건이 일어나고 급히 도망하여 벧엘로 올라가는 일이 벌어집니다. 장남 르우벤이 아비의 첩을 욕보이는 일이 일어났습니다. 사랑하는 아내 라헬이 먼저 죽자 장사지내고, 라헬의 몸에서 나온 가장 사랑하는 아들 요셉을 형들이 시기 질투하여 애굽에 팔아버리고, 아비에게 거짓말로 짐승에게 찢겨 죽었다 하여 통곡을 하며 많은 세월을 슬픔 속에서 지내게 되었습니다. 그러나 세월이 흘러간 후 요셉이 애굽의 총리가 되었다는 소식에 단숨에 이민을 결정하고 애굽으로 달려왔습니다. 거기에서 아들 요셉을 만나는 감격을 경험했으며 이국 땅에서 인생을 마무리했습니다.

한마디로 험악한 세월을 보낸 나그네의 인생이 아닙니까?

우리는 야곱의 나그네 세월에서 배울 수 있는 교훈이 있습니다. 그는 먼저 나름대로 열심히 살았으나 그의 생애는 부끄럽고 수치스런 죄인의 길이었다는 사실입니다. 그러나 그의 생애를 돌아보니 오직 배후에서 도우신 하나님의 은혜로 살아왔다는 사실입니다. 하나님의 은혜가 아니고는 험난한 인생 길을 걸어 올 수가 없었습니다.

야곱은 자기의 힘으로는 아무 것도 할 수 없었음을 인정하고, 그의 나그네 인생은 오직 하나님의 은혜로 되어진 것을 고백하고 있습니다. 그렇습니다. 우리 인생은 혼자서는 살 수 없습니다. 우리는 이 세상을 창조하시고 역사를 운행하시며 우리의 배후에서 도우시는 전능하신 하나님의 은혜와 축복을 받아야 합니다. 우리가 할 수 있는 일은 극히 제한되어 있습니다. 우리 스스로 힘의 한계를 느낄 때가 너무도 많습니다.

　여러분, 우리의 걸어온 인생은 어떠합니까? 이 자리에 야곱처럼 험악한 인생길을 걸어오신 분들도 계실 것입니다. 이 지구상에 고통 없는 사람이 어디 있겠습니까? 그리고 범죄하지 않고 살아가는 사람이 어디 있겠습니까? 걱정 근심 없이 괴로움 없이 지나는 사람은 아무도 없습니다.

　우리의 인생도 야곱과 같이 두 가지로 고백할 수 있습니다. 나의 지나온 모든 것들이 후회스러운 일들도 많고, 죄도 많이 지었고, 그리고 실패한 일도 많았으나 하나님께서 은혜를 베풀어 주셨으므로 살아왔다는 것입니다.

　여러분, 우리의 지나온 모든 길도 하나님의 은혜로 살아왔습니다. 우리 교회 안에도 병든 가정, 슬픔을 당한 가족도 있었습니다. 물질적으로 어려움을 당한 사람들도 있었습니다. 입학 시험에 실패한 학생들도 있습니다. 개인적으로 어려움도 많았습니다. 그러나 비록 지금까지 어려움은 있었으나 모든 것이 주님의 은혜로 살아온 것을 감사합시다.

3. 어떻게 남은 나그네 세월을 보내야 합니까?

과거는 지나갔습니다. 또 다시 새로운 날이 다가옵니다. 앞으로 우리의 할 일은 남은 나그네의 세월을 보람있게 보내는 것입니다. 그러면 어떻게 보내야 합니까?

1) 축복하며 살아야 합니다.

"야곱이 바로에게 축복하고 그 앞에서 나오니라"(창세기 47:10)고 성경은 말씀합니다. 야곱은 바로에게 축복하고 나왔습니다. 우리는 우리의 남은 세월을 축복하며 살아야 합니다. 짧은 나그네 세월을 서로 미워하며 불화할 필요가 없습니다. 나그네 인생을 살 동안에 서로 사랑하고 용서하고 축복하며 살아야 합니다. 우리의 대화 속에, 기도 속에 축복의 단어로 충만해야 할 것입니다.

2) 과거의 일을 똑바로 비판할 줄 알아야 합니다.

지나간 세월동안 잘못 살아 온 것을 끝내야 합니다. 이것이 바로 회개입니다. 하나님 앞에 우리 과거의 모든 죄를 다 고백하면 용서받을 수 있습니다. 우리 인생은 우리가 지은 죄를 가지고는 우리의 영원한 본향 천국에 갈 수 없습니다. 그러므로 우리의 모든 죄를 대신 지시고 십자가에서 피흘려 죽어주신 주 예수 그리스도를 믿음으로, 그분을 통해서 용서함을 받아야만 우리의 본향 천국에 들어갈 수 있습니다.

성경은 말씀합니다. "우리가 우리 죄를 자백하면 저는 미쁘시고 의로우사 우리 죄를 사하시고 모든 불의에서 우리를 깨끗게 하실 것이요"(요한일서 1:9).

어떤 죄인이라도, 어떤 죄를 지었더라도 예수님 앞에 나와서 회개하면 깨끗이 씻어 주십니다.

3) 이제 우리는 본향을 바라보는 생활이 되어야 합니다.

야곱은 총리 아들을 둔 덕분에 그의 나그네 인생 말년에는 애굽에서 편하게 잘 살았다고 성경은 말씀합니다. "요셉이 바로의 명대로 그 아비와 형들에게 거할 곳을 주되 애굽의 좋은 땅 라암세스를 그들에게 주어 기업을 삼게 하고, 또 그 아비와 형들과 아비의 온 집에 그 식구를 따라 식물을 주어 공궤하였더라"(창세기 47:11-12).

야곱은 기름진 고센 땅에서 좋은 음식을 먹으며 잘 살았습니다. 그러나 그는 영원한 본향 천국을 소망 삼고 살았습니다. 야곱은 죽기 전에 유언하기를 '내가 죽거든 애굽 땅에 묻지 말고 내 조상과 나에게 하나님께서 약속하신 가나안 땅에 묻어달라' 고 했습니다.

가나안은 천국을 상징합니다. 야곱은 천국 본향을 사모하면서 살아 온 나그네 인생을 마감했습니다.

여러분, 우리는 우리가 갈 영원한 본향을 바라보고 사는 나그네들입니다. 우리 예수님도 천국 본향을 약속하셨습니다. "너희는 마음에 근심하지 말라. 아버지를 믿으니 또 나를 믿으라. 내가 너희를 위하여 처소를 예비하러 가노니 가서 너희를 위하여 처소를 예비하며 내가 다시 너희에게로 와서 너희를 나 있는 곳으로 영접하리라"(요한복음 14:1-2).

사랑하는 여러분! 이 시간 주 예수님을 영접하시어 우리도 짧은 나그네 인생길만 보지말고, 남은 나그네 인생을 영원한 본향 천국을 바라보고 살아가는 지혜로운 사람이 됩시다. 아멘.

1998. 10. 18(장년부)

부자와 거지

한 부자가 있어 자색 옷과 고운 베옷을 입고 날마다 호화로이 연락하는데 나사로라 이름한 한 거지가 헌데를 앓으며 그 부자의 대문에 누워 부자의 상에서 떨어지는 것으로 배불리려 하매 심지어 개들이 와서 그 헌데를 핥더라 이에 그 거지가 죽어 천사들에게 받들려 아브라함의 품에 들어가고 부자도 죽어 장사되매 저가 음부에서 고통 중에 눈을 들어 멀리 아브라함과 그의 품에 있는 나사로를 보고 불러 가로되 아버지 아브라함이여 나를 긍휼히 여기사 나사로를 보내어 그 손가락 끝에 물을 찍어 내 혀를 서늘하게 하소서 내가 이 불꽃 가운데서 고민하나이다 아브라함이 가로되 얘 너는 살았을 때에 네 좋은 것을 받았고 나사로는 고난을 받았으니 이것을 기억하라 이제 저는 여기서 위로를 받고 너는 고민을 받느니라 이뿐 아니라 너희와 우리 사이에 큰 구렁이 끼어 있어 여기서 너희에게 건너가고자 하되 할 수 없고 거기서 우리에게 건너올 수도 없게 하였느니라 가로되 그러면 구하노니 아버지여 나사로를 내 아버지의 집에 보내소서 내 형제 다섯이 있으니 저희에게 증거하게 하여 저희로 이 고통 받는 곳에 오지 않게 하소서 아브라함이 가로되 저희에게 모세와 선지자들이 있으니 그들에게 들을지니라 가로되 그렇지 아니하니이다 아버지 아브라함이여 만일 죽은 자에게서 저희에게 가는 자가 있으면 회개하리이다 가로되 모세와 선지자들에게 듣지 아니하면 비록 죽은 자 가운데서 살아나는 자가 있을지라도 권함을 받지 아니하리라 하였다 하시니라

(누가복음 16:19-31)

부자와 거지

이 세상에는 두 종류의 사람이 있습니다. 부자라고 생각하는 사람이 있고 그 반대의 사람이 있습니다. 많은 사람들이 부자를 원하지 거지 생활을 바라지는 않습니다. 그래서 부자 되는 것을 삶의 목표로 삼는 사람들이 있습니다. 부자는 물질과 부와 영화를 누리는 사람을 말합니다. 그러나 부귀 영화는 누리지 못해도 부자처럼 사는 사람도 있습니다.

돈은 많은데 거지같이 사는 사람도 있고, 돈은 없으나 부자같이 사는 사람도 있습니다. 살아 가는 생활은 부자 같은데 거지같은 사람이 있는가 하면, 사는 생활은 거지같으나 부자

같이 사는 사람도 있습니다. 결국 자신의 마음가짐에 따라서 부자가 될 수도 있고 거지가 될 수도 있다는 이야기입니다.

오늘 성경 말씀에는 부자와 거지가 등장합니다. 한 시대를 함께 살아간 두 사람입니다.

1. 생활의 차이

부자는 자색 옷과 고운 베옷을 입었다고 했습니다. 부자는 그 당시의 왕처럼 좋은 옷을 입고 살았습니다. 그리고 날마다 호화롭게 연락했다고 합니다. 이것은 매일 호화롭게 살았다는 말입니다.

반면 거지는 헌데를 앓으며 그 부자의 대문에 누워 있었습니다. 나사로라 이름하는 이 거지는 종기를 앓으며 부자의 대문에서 먹다가 남은 음식 부스러기를 얻어먹으려고 누워있었는데 개들이 와서 그의 헌데를 핥더라고 했습니다. 그는 육신적으로 병들고 배고프고 헐벗은 생활을 했습니다. 이 부자와 거지는 너무도 대조적인 생활을 했습니다.

똑같이 세상에 태어나서 한 사람은 편하게 즐기면서 살고 한 사람은 고생하며 불행하게 살아가는 것을 볼 때 무엇인가

불공평하다는 생각이 들 수도 있겠습니다.

2. 그러나 우리는 알아야 할 것이 있습니다. 그것은 부자와 거지로 살아가는 생활이 그렇게 길지는 않다는 것입니다.

부자도 죽고 거지도 죽었습니다. 이것은 우리 인생이 그렇게 길지 않다는 것을 보여줍니다. 부자도 영원한 부자가 아니며 거지도 영원한 거지가 아니라는 사실입니다. 결국 부자도 죽고 말았습니다. 부자의 생애가 그리 길지 않고 짧았습니다. 고생하던 거지도 인생을 마감하고 말았습니다. 그렇다면 부자도 가고 거지도 가는 우리 인생은 짧다는 말입니다.

우리가 사는 이 세상에서도 종종 겪게 됩니다. 결코 넘어지지 않을 줄 알았던 대기업도 너무도 허무하게 넘어져 버립니다. 탄탄하게 보이던 돈 많은 은행이 사라지기도 합니다. 세상을 흔들어 놓던 권세자들도 힘없이 사라져갑니다. 온 세상이 자기 것인 양 인기와 명성에 파묻혀 살던 사람도 얼마 가지 못해 무대에서 사라지는 것을 우리는 보았습니다.

대표적인 예가 성대한 결혼식으로 세상을 떠들썩하게 하고 세계인의 이목을 집중시켰던 영국의 찰스 황태자와 다이애나의 결혼입니다. 그러나 얼마 가지 않아서 찰스가 바람을 피우니 다이애나도 덩달아 바람을 피웠습니다. 끝내 별거를 하고 이혼을 하더니 결국 다이애나는 비참하게 교통사고로 죽고 말았습니다. 이러한 일들을 볼 때 부귀와 명예도 그리 길지 않다는 것을 새삼 깨닫게 합니다.

우리 교회에서 선교사를 파송한 남아프리카는 백인 문화와 흑인 문화가 아주 대조를 이루는 나라입니다. 우리 교회는 대도시에서 멀리 떨어진 흑인 종족들에게 선교를 시작하고 있습니다. 과거 아주 잘 살았던 시대에 그 나라의 최대 도시인 요하네스버그에는 거대한 집들을 지어놓고 많은 하인들을 거느리고 살았습니다. 그들의 집을 보면 요하네스버그 'Low Houghton'이란 저택지구에는 우리 나라에 벚꽃이 봄에 활짝 피듯이 쟈카란타라는 보라색의 꽃나무를 가로수로 심어놓고 온통 붉게 물들게 했습니다. 그들은 수천 평이 되는 대지 위에 수영장은 물론이고 대 저택을 성처럼 건축하여 정구를 치며 뜰에서는 크로케를 하면서 파티를 즐겼습니다. 그런데 지금은 흑인들이 들어오자 그 넓은 저택을 다 팔거나 내놓고 다른 곳으로 옮겨가고 말았습니다. 그렇게 호화롭게 살았던 시절은 그렇게 긴 것이 아니었습니다.

반면 제가 잘 아는 집사님 내외는 독일에 광부로 갔다가 아르헨티나에서 거주하다 다시 요하네스버그로 와서 살고 있습니다. 그들은 조그마한 집에서 가난하게 살았습니다. 그러나 그들은 항상 감사하면서 살았습니다. 세월이 8년쯤 지난 지금 그들은 가게를 두어 군데 더 확장하여 좋은 미니버스 자가용을 가지고 있습니다. 수영장과 앞뜰과 뒤뜰의 정원을 가진 2층의 넓고 아름다운 주택에서 항상 손님들을 기쁨으로 접대하면서 살아가고 있습니다. 지난 여름 우리 교회의 청년들로 구성된 샬롬찬양단이 선교지 방문 및 찬양 집회차 갔을 때 그 집에서 20여 명이 숙식을 할 정도로 넓은 집입니다.

세상의 고생도 잠깐입니다. 부귀도 잠깐입니다. 비록 시간적으로 조금의 차이는 있을지 모르나 우리의 인생은 모두가 머지 않아 이 세상을 떠나고 맙니다. 호화스럽게 살던 부자도 죽고 고생하던 거지도 죽었습니다. 여기에서 우리는 죽음의 공평성을 봅니다. 하나님 앞에서는 부자나 거지나 다 똑같은 존재들입니다. 하나님이 우리 인생을 부르시면 아무도 거역하지 못하고 이 세상을 떠날 수밖에 없습니다. 이 세상에서 호흡하고 사는 사람이라면 누구나 이 죽음의 길을 피할 수가 없습니다. 왕도 천민도 가야하고, 부자도 거지도 가야하고, 건강한 자도 병든 자도 가야하고, 남자도 여자도 가야하고, 어린아이도 노인도 가야합니다.

3. 그런데 더 중요한 사실이 있습니다.

그런데 모든 것이 죽음으로 끝나는 것이 아니라 다른 세상이 있다는 것입니다. 부자와 거지가 죽었는데 그들이 간 곳은 전연 다른 곳이었습니다. 이 세상을 떠난 다음에 내세가 있다는 사실입니다.

만약 이 세상이 우리 인생의 전부라면 우리가 이 짧은 인생을 어떻게 살아야 합니까? 만약 70-80년 사는 것이 인생의 전부라면 지금 우리가 살아가는 이대로 살다가 가버린다면 억울하지 않겠습니까? 하고 싶은 것도 실컷 해보지도 못하고, 가지고 싶은 것도 다 가지지 못하고, 실컷 놀지도 못하고 즐기지도 못한다면 얼마나 억울하겠습니까? 저 자신도 그런 생각이 들 것 같습니다. 그러나 우리는 억울해 할 필요도 없고 낙심할 필요도 없습니다. 왜냐하면 이 세상의 삶이 우리의 전부가 아니라 다른 세상이 기다리고 있기 때문입니다. 이 세상은 잠깐이나 저 세상은 영원합니다. 그렇다면 지혜로운 사람은 잠깐 사는 이 세상보다는 영원히 살 저 세상을 바라보고 준비하는 사람입니다.

그러면 어떤 세상이 우리를 기다리고 있습니까?

오늘 성경의 부자가 간 곳은 음부입니다. 그곳은 바로 지옥입니다. 그곳은 고통 속에서 사는 곳이요, 불꽃 가운데서 괴로워하고 고민하는 곳입니다. 즉 불못 속에서 물 한방울도 마실 수 없는 곳입니다. 그리고 그곳에 한번 들어가면 다시는 나올 수 없는 곳입니다. 그 곳에서는 천국으로 갈 수도 없습니다. 그 곳에는 부자와 같은 사람들이 들어갑니다.

또 다른 곳, 즉 거지가 간 곳은 낙원입니다. 그곳은 천국입니다. 그곳은 영화와 기쁨이 충만한 곳입니다. 길은 황금으로 만들어졌고, 열두 개의 진주문이 있으며, 각종 보석으로 집을 지었고, 어둠도 없고 질병도 없고 눈물도 없고 슬픔도 없고 고통도 없고 죽음도 없는 곳입니다.

우리 모든 인생은 다 이 곳으로 들어가야 합니다. 이 천국에 들어가는 사람이야말로 진정한 성공자입니다. 잠깐 있다가 가는 이 세상에서 부자로 사느냐 거지로 사느냐가 중요한 것이 아닙니다. 영원한 천국에서 살 사람이야말로 참 성공자요 복 받은 사람입니다.

그런데 천국이냐 지옥이냐를 결정하는 것은 우리가 이 세상에서 사는 동안에 다 이루어집니다. 우리가 살고 있는 이 세상에서 천국에 갈 사람과 지옥에 갈 사람이 결정된다는 것입니다.

오늘 성경 말씀에 자신이 지옥의 고통 속에서 살아야 된다는 사실을 안 부자가 아버지 집에 다섯 형제가 있는데 천국에 있는 나사로를 보내어서 이 사실을 증거하게 해서 이 지옥으로 오지 않도록 해 달라고 천국에 있는 믿음의 조상 아브라함에게 부탁했습니다. 그러자 아브라함이 대답하기를 '저희에게는 모세와 선지자들이 있으니 저들에게서 들을지니라. 모세와 선지들에게서 듣지 아니하면 비록 죽은 자 가운데서 살아나는 자가 있을지라도 권함을 받지 아니할 것'이라고 말했습니다. 이 말은 이 세상에는 목사와 전도자들이 있고 하나님의 말씀인 성경이 있으며, 이들의 말을 듣지 않으면 죽은 사람이 다시 살아서 내가 천국에 갔다왔다, 또는 지옥을 보았다고 해도 믿지 않을 것이라는 말입니다.

그렇습니다. 간혹 천국을 보았다거나 지옥 구경을 했다는 사람들이 있습니다. 그러나 호기심을 가지고 놀라기는 해도 믿지는 않습니다. 그렇습니다. 이 세상에는 이미 하나님께서 우리에게 주신 말씀과 주의 종들을 통해서 전해지는 하나님의 말씀을 듣는 자는 천국에 갈 것입니다.

이 말씀은 무슨 말입니까? 성경은 우리 인간은 모두 죄인이라고 말씀합니다. 그러므로 이 죄를 가지고는 하나님 나라에 들어갈 수 없습니다. 이 죄 문제를 해결해야만 합니다. 그것은 하나님을 믿는 것입니다.

하나님은 우리 인간의 죄를 용서해 주시기 위해서 이 땅에 인간의 몸을 입고 오셨습니다. 그리고 우리가 받아야 할 죄악의 벌을 혼자 담당하시고 십자가에서 달려 죽어주셨습니다. 그리고 무덤에서 사흘만에 다시 부활하셨습니다. 하늘로 올라가신 예수님은 지금 하늘에서 우리를 위하여 기도하고 계십니다. 그리고 세상 마지막에 심판하러 다시 이 땅으로 오실 것입니다. 그러므로 우리가 해야 할 일은 이 땅에 사는 동안에 예수님 즉 하나님을 영접하는 것입니다.

부자가 지옥에 떨어진 것은 하나님을 믿지 않고 죄 문제를 해결하지 못하고 먹고 마시고 즐기는 생활만 했기 때문입니다. 그러나 거지 나사로가 천국에 들어간 것은 하나님을 믿고 자신의 죄를 해결했기 때문입니다.

성경은 말씀합니다. "하나님이 세상을 이처럼 사랑하사 독생자를 주셨으니 이는 저를 믿는 자마다 멸망치 않고 영생을 얻게 하려 하심이니라"(요한복음 3:16), "주 예수를 믿으라 그리하면 너와 네 집이 구원을 얻으리라"(사도행전 16:31).

누가 영원한 부자입니까? 하나님을 믿고 영원한 천국에 들어가는 사람이 아닙니까? 누가 영원한 거지입니까? 하나님을 모르고 이 세상만 바라보고 살다가 영원한 지옥에 떨어지는 사람이 아닙니까? 우리는 영원한 부자가 되어야 합니다.

이 시간에 우리는 우리의 내세를 결정짓는 중요한 순간을 맞이했습니다. 저는 여러분을 초청합니다. 우리는 영원한 부자가 되고, 영원한 성공자, 영원히 복 받는 자가 되기 위해서 주 하나님을 영접합시다. 예수님은 말씀하십니다. "내가 진실로 진실로 너희에게 이르노니 누구든지 내 말을 듣고 또 나 보내신 이를 믿는 자는 영생을 얻었고 심판에 이르지 아니하나니 사망에서 생명으로 옮겼느니라"(요한복음 5:24).

예수님을 영접한 사람은 영원한 천국으로 들어가는 권세를 얻은 것입니다. 우리 모두 이 시간에 마음의 문을 활짝 열고 주 예수님을 영접하여 영원한 천국으로 들어가는 영원한 부자가 되시기를 바랍니다. 아멘.

1998. 10. 19(장년부)

목마른 여인

사마리아에 있는 수가 하는 동네에 이르시니 야곱이 그 아들 요셉에게 준 땅이 가깝고 거기 또 야곱의 우물이 있더라 예수께서 행로에 곤하여 우물 곁에 그대로 앉으시니 때가 제육시쯤 되었더라 사마리아 여자 하나가 물을 길러 왔으매 예수께서 물을 좀 달라하시니 이는 제자들이 먹을 것을 사러 동네에 들어갔음이러라 사마리아 여자가 가로되 당신은 유대인으로서 어찌하여 사마리아 여자 나에게 물을 달라 하나이까 하니 이는 유대인이 사마리아인과 상종치 아니함이러라 예수께서 대답하여 가라사대 네가 만일 하나님의 선물과 또 네게 물 좀 달라 하는 이가 누구인 줄 알았더면 네가 그에게 구하였을 것이요 그가 생수를 네게 주었으리라 여자가 가로되 주여 물 길을 그릇도 없고 이 우물은 깊은데 어디서 이 생수를 얻겠삽나이까 우리 조상 야곱이 이 우물을 우리에게 주었고 또 여기서 자기와 자기 아들들과 짐승이 다 먹었으니 당신이 야곱보다 더 크니이까 예수께서 대답하여 가라사대 이 물을 먹는 자마다 다시 목마르려니와 내가 주는 물을 먹는 자는 영원히 목마르지 아니하리니 나의 주는 물은 그 속에서 영생하도록 솟아나는 샘물이 되리라 여자가 가로되 주여 이런 물을 내게 주사 목마르지도 않고 또 여기 물 길러 오지도 않게 하옵소서 가라사대 가서 네 남편을 불러오라 여자가 대답하여 가로되 나는 남편이 없나이다 예수께서 가라사대 네가 남편이 없다 하는 말이 옳도다 네가 남편 다섯이 있었으나 지금 있는 자는 네 남편이 아니니 네 말이 참되도다

(요한복음 4:5-18)

목마른 여인

제가 군대에서 유격 훈련을 받을 때입니다. 한여름인데도 완전 군장을 한 채 산을 향해 걸었습니다. 가는 도중에 '엎드려' 하면 엎드리고, '기어' 하면 기어가야 하고, '개스' 하면 방독면을 써야 했습니다. 그리고 '뛰어' 하면 달려가야 했습니다. 그 무더운 여름에 배낭을 짊어진 채 총까지 메고 정말 죽을 지경이었습니다. 그런데 그보다 가장 힘들었던 것은 목마름이었습니다. 수통에 넣어 가지고 가던 물은 어느새 다 없어지고 목은 마르고 정말 견디기 어려웠습니다. 그래서 산골짜기에 흘러가는 시냇물을 수통에 담아 가면서 마셨습니다. 나중에는 그 물 때문에 배탈이 나서 혼이 났습니다. 그래도 그 물을 마시니 생기가 솟아나고 갈증이 해소되어 무사히 산을 넘고 목적지까지 갈 수 있었습니다.

우리 인생살이에도 목마름이 있습니다. 만족이 없고 힘이 들고 걱정 근심으로 고통을 당할 때가 많습니다. 오늘 읽은 성경 말씀에 한 여인이 소개되고 있습니다. 바로 목마른 여인입니다.

1. 여인의 형편

이 여인은 사마리아 수가성에 사는 여인이었습니다. 이 여인은 한마디로 흔히 말하는 팔자가 험악한 여인이었습니다. 결혼을 다섯 번이나 했으나 행복을 누리지 못하고 고민하며 사는 여인이었습니다. 그러니 동네 사람들도 이 여인에 대해서 얼마나 말들이 많았겠습니까? 수군거리며 흉을 보고 잘 상대해 주지도 않았습니다. 그래서 이 여인은 세상이 귀찮았습니다. 사람을 만나는 것이 싫었습니다.

그래서 사람들이 왕래하지 않는 대낮에 물을 길으러 우물가로 나갔습니다. 시골에서 우물물을 길어 마시던 시절에는 주로 아침 저녁으로 선선할 때에 우물에 와서 물도 긷고 대화를 나누기도 합니다. 대낮에 물을 길어 가는 사람은 부득이한 경우에만 아주 드물게 있습니다. 그러나 이 사마리아 수가성의 여인은 고의로 인적이 드문 대낮에 물을 길으러 나왔습니다. 그것은 사람들을 피하고 싶었기 때문입니다. 그러니 이 여인이 얼마나 고독하고 외로운 생활을 했었는지 가히 짐작할 수 있지 않습니까? 이 여인은 우물물이 없어서 목마른 것보다 영혼에 만족이 없어서 목말라 했던 여인이었습니다.

결혼을 통해 만족을 얻고자 했으나 실패한 여인입니다. 이 여인은 나름대로 인생의 행복을 찾기 위해 무단히 노력하고 애썼습니다. 그녀는 행복을 얻기 위해서 결혼 생활에 전심을 다한 것 같아 보입니다. 그러나 그녀는 결혼에 실패하고 말았습니다. 포기하지 않고 또 시도했습니다. 그것도 다섯 번씩이나 말입니다. 다섯 번째도 결국은 실패하고 말았습니다. 이 여인은 지금도 동거하고 있는 남자가 있지만 삶에 대한 만족이 없었습니다.

결혼을 한번 하는 것도 어려운데 다섯 번이나 했다면 이것을 어떻게 설명할 수 있겠습니까? 가정 파괴를 다섯 차례나 했다는 말이 아니겠습니까? 그녀는 한마디로 불행한 여인이었습니다. 자신의 생을 부끄럽게 여기며 살아가는 여인이었습니다. 사귀는 친구도 없었습니다. 그 여인은 사람들이 자기를 향해 손가락질한다는 것을 잘 알고 있었습니다. 그래서 사람들과 아예 접촉하기가 싫었습니다. 얼마나 불쌍한 여인입니까?

오늘날 우리가 살고 있는 이 땅에도 이런 불쌍한 사람들이 있습니다.

2. 이 여인에게 정말 필요한 것은 무엇이겠습니까?

영혼의 목마름을 해결해 주는 것입니다. 그 여인에게 필요한 것은 바로 생수입니다. 목마른 사람에게 제일 필요한 것은 시원한 생수입니다. 목이 마른 사람은 물을 마셔야 합니다.

요사이는 어디에 가나 물병을 들고 다니는 것이 보편화되었습니다. 우리 나라도 새벽부터 물을 길으러 산을 오르는 사람들이 많습니다. 산을 오르는 사람도 물통을 가지고 갑니다. 여행가는 사람이나, 야구장이나 축구장에 가는 사람들도, 학생들도 도시락과 함께 물병을 가지고 갑니다. 유럽에도, 미국에도, 아프리카에도, 중국에도, 여행하는 사람들은 다른 것보다 우선적으로 모두 물병을 가지고 다닙니다. 사람은 물을 마시지 않으면 신체에 이상이 나타납니다. 그래서 일상 생활을 하는 사람도 물을 많이 마셔야 합니다.

그런데 세상의 물은 우리가 노력만 하면 마실 수 있고 갈증을 해결할 수 있으나 영혼의 목마름은 아무나 해결할 수가 없습니다. 이 영혼의 갈증 문제가 해결되지 않으면 우리 인간은 고통 속에서 괴로워하며 인생의 만족을 누리지 못합니다. 그래서 나중에는 스스로 목숨을 끊어버리는 자살자들이 속출하고 있습니다. 가장도, 어머니도, 노인들도, 청년들도, 청소년도, 초등학교 아이들까지도 자살을 하기에 이르렀습니다.

사람들이 왜 자살을 합니까? 인생에 만족이 없기 때문입니다. 스스로 행복하지 못하다고 생각하여 목숨을 버리는 것입니다. 이것은 아주 비겁하고 잘못된 행동입니다. 우리 인생을 그렇게 무가치하게 포기하는 것은 큰 죄악입니다. 이것은 영혼이 갈급하고 목이 마르기 때문에 스스로 인생을 버리는 행동입니다. 이들에게 진정 필요한 것은 생수입니다. 영원히 목마르지 아니하는 생수가 있어야 해결됩니다.

3. 오늘 사마리아 수가성의 불행한 여인은 생수를 찾았습니다.

우리도 생수를 찾을 수 있습니다. 이 여인이 우물가에 갔을 때 예수님을 만났습니다. 전능하신 하나님으로 이 땅에 오신 예수님은 이미 이 여인의 과거를 다 알고 계셨습니다. 이 여인의 고민을 다 알고 계셨습니다.

예수님은 사람을 피해 대낮에 물을 길으러 온 여인에게 말쏨하셨습니다. "내가 주는 물을 먹는 자는 영원히 목마르지 아니하리니 나의 주는 물은 그 속에서 영생하도록 솟아나는 샘물이 되리라"(요한복음 4:14).

예수님의 말씀가운데 아주 중요한 말씀이 나옵니다. 바로 영원히 목마르지 아니한다는 말씀입니다. 이 물은 영생하도록 솟아나는 샘물이라는 것입니다. 이 여인은 예수님을 만남으로 지금까지 부끄러워하고 고민해 오던 그녀의 모든 죄 문제가 해결되었습니다.

결혼을 다섯 번이나 하고 살아온 그녀의 생활이 깨끗할 수 있었겠습니까? 죄로 얼룩진 삶이 아니겠습니까? 사람에게도 부끄러워 낯을 피하여 살았는데 하물며 전능하신 하나님 앞에서는 고개를 들 수 없는 죄인이 아닙니까? 그러나 예수님은 이 여인의 죄악된 모습을 그대로 다 용납해 주셨습니다. 그녀의 모든 죄를 다 용서해 주셨습니다. 예수님은 그녀의 과거를 일절 묻지 않았습니다. 예수님은 그 여인에게 꼭 필요한 생수를 주셨습니다. 생수는 예수님을 만나면 얻을 수 있습니다. 예수님은 길이요 진리요 생명이 되십니다.

이 여인은 물동이를 던지고 동네로 들어가서 '와 보라. 그리스도가 오셨다.'고 외쳤습니다. 그 여인은 스스로 동네 사람들을 피해 다녔습니다. 그러나 이제 스스로 동네 사람들을 찾아가서 자기의 변화된 모습을 보여주며 예수님을 만나 생수를 얻었다고 외쳤습니다. 자신의 부끄러운 문제, 자기를 억누르고 있던 목마름이 해소되었다고 소리쳤습니다. 이제 이 여인은 사람들 앞에 떳떳하게 나설 수가 있었습니다. 그것은 예수님을 만남으로 목마름이 해결되었기 때문입니다.

그렇습니다. 우리 예수님은 어떤 죄인이라도 만나 주시고 용서해 주십니다. 어떤 고민과 목마름을 가지고 있어도 예수님을 만나면 다 해결됩니다.

미국에는 국제 결혼을 많이 합니다. 그 중에는 미국인 남편들로부터 버림을 받고 외롭게 혼자 사는 사람들도 많습니다. 그 사람들은 이것저것 다 해보고 몸과 마음이 상처로 얼룩졌습니다. 그런데 소망 없는 이 사람들이 교회에 나와서 예수님을 만났습니다. 그리고 그들은 생수를 찾았습니다. 기쁨의 눈물을 흘리고 새로운 활기찬 삶을 살기 시작했습니다. 그리고 그는 집회 때에 특송을 자원했습니다.

> 낮엔 해처럼 밤엔 달처럼 그렇게 살 수 없을까
> 욕심도 없이 어둔 세상 비추어 온전히 남을 위해 살 듯이
> 나의 일생에 꿈이 있다면 이 땅에 빛과 소금 되어
> 가난한 영혼 지친 영혼을 주님께 인도 하고픈데
> 나의 욕심이 나의 못난 자아가 언제나 커다란 짐 되어

나를 짓눌러 맘을 곤고케 하니 예수여 나를 도와주소서

예수님처럼 바울처럼 그렇게 살 수 없을까
남을 위하여 당신들의 온몸을 온전히 버리셨던 것처럼
주의 사랑은 베푸는 사랑 값없이 주는 사랑
그러나 나는 주는 것보다 받는 것 더욱 좋아하니
나의 입술은 주님 닮은 듯하나 내 맘은 아직도 추하여
받을 사랑만 계수하고 있으니 예수여 나를 도와주소서

찬송을 하던 그분도 눈물을 흘리고 그 자리에 있던 우리도 모두 큰 감동과 은혜를 받고 같이 울었습니다. 이 여인은 사마리아 우물가의 여인처럼 예수님을 만남으로 목마름을 깨끗이 해결하고 용감하게 살아가고 있습니다.

예수님을 만남으로 그녀의 모든 문제는 해결되었습니다. 예수님은 그녀의 괴로움과 목마름을 단 한번에 해결해 주셨습니다.

여러분! 목마름으로 고민하고 있지 않습니까? 이제는 더 이상 괴로워하거나 힘들어 할 필요가 없습니다. 예수 그리스도를 영접하시면 모든 문제가 해결됩니다. 그분은 우리 속에 생수를 주시기 때문입니다. 예수님은 우리의 모든 죄 문제를 해결해 주시기 위하여 이 땅에 인간의 몸으로 오신 하나님이십니다. 우리의 죄를 대신 지시고 십자가에서 피흘려 죽어주셨습니다. 그리고 사흘만에 부활하셨습니다. 부활하신 예수님은 하늘로 올라가셨습니다. 이 세상 마지막 날에 예수님은 다시 이 땅에 오실 것입니다. 그때 예수님을 영접한 모든 사람들을 천국으로 데려 가실 것입니다. 그리고 지금도 그의 영으로 우리를 찾아오십니다. 예수님을 영접한 사람들에게 죄를 용서해 주십니다. 마음에 평화를 주십니다. 우리의 간구하는 기도에 응답하십니다. 우리의 모든 삶에 함께 하십니다. 우리의 길을 인도하십니다. 우리에게 지혜를 주십니다. 그리고 우리의 모든 생을 책임져 주십니다.

성경은 말씀합니다. "영접하는 자 곧 그 이름을 믿는 자들에게는 하나님의 자녀가 되는 권세를 주셨으니"(요한복음 1:12).

이 시간 우리의 마음의 문을 열고 예수님을 부르고 영접하면 우리는 하나님의 자녀가 됩니다.

성경은 말씀합니다. "만일 우리가 우리 죄를 자백하면 저는 미쁘시고 의로우사 우리 죄를 사하시며 모든 불의에서 우리를 깨끗게 하실 것이요"(요한일서 1:9).

어떤 죄라도 예수님 앞에 나와서 그분께 고백하면 그 어떤 죄라도 용서받을 수 있습니다.

 이 시간, 우리 모두 우리의 목마름을 해결해 주시고 우리의 모든 삶을 책임져 주시는 주 예수님을 영접하여 축복된 새로운 삶을 누리시기를 바랍니다. 아멘.

1998. 10. 19(장년부)

어리석은 부자

사람이 너희를 회당과 정사 잡은 이와 권세있는 이 앞에 끌고 가거든 어떻게 무엇으로 대답하며 무엇으로 말할 것을 염려치 말라 마땅히 할 말을 성령이 곧 그 때에 너희에게 가르치시리라 하시니라 무리 중에 한 사람이 이르되 선생님 내 형을 명하여 유업을 나와 나누게 하소서 하니 이르시되 이 사람아 누가 나를 너희의 재판장이나 물건 나누는 자로 세웠느냐 하시고 저희에게 이르시되 삼가 모든 탐심을 물리치라 사람의 생명이 그 소유의 넉넉한 데 있지 아니하니라 하시고 또 비유로 저희에게 일러 가라사대 한 부자가 그 밭에 소출이 풍성하매 심중에 생각하여 가로되 내가 곡식 쌓아 둘 곳이 없으니 어찌할꼬 하고 또 가로되 내가 이렇게 하리라 내 곳간을 헐고 더 크게 짓고 내 모든 곡식과 물건을 거기 쌓아 두리라 또 내가 내 영혼에게 이르되 영혼아 여러 해 쓸 물건을 많이 쌓아 두었으니 평안히 쉬고 먹고 마시고 즐거워하자 하리라 하되 하나님은 이르시되 어리석은 자여 오늘 밤에 네 영혼을 도로 찾으리니 그러면 네 예비한 것이 뉘 것이 되겠느냐 하셨으니 자기를 위하여 재물을 쌓아 두고 하나님께 대하여 부요치 못한 자가 이와 같으니라

(누가복음 12:11-21)

어리석은 부자

어느 동네에 한 부자가 농사를 짓고 살았습니다. 그해에 풍년이 들어서 많은 곡식을 추수하게 되었습니다. 그런데 너무 소출이 많아서 곡식을 쌓아 둘 장소가 부족하여 고민하게 되었습니다. 그는 생각 끝에 곳간을 헐고 더 크게 지어서 곡식을 쌓아두는 것이 좋겠다는 생각을 했습니다. 그리고 이 사람이 자기 속에 있는 말로 이렇게 고백합니다. "내 영혼아 여러 해 쓸 물건을 많이 쌓아두었으니 편안히 쉬고 먹고 마시고 즐거워하자." 그런데 그때 하나님께서 그 부자에게 말씀하셨습니다. "어리석은 자여, 오늘 네 영혼을 도로 찾으리니 그러면 네 예비한 것이 뉘 것이 되겠느냐?"

하나님은 이 부자를 향하여 어리석은 자라고 하셨습니다. 오늘날에는 이런 사람들을 성공한 사람이라고 말합니다. 그런데 하나님은 왜 이 사람을 어리석은 사람이라고 하셨을까요?

우리는 이 시간, 하나님께서 이 청년에게 어리석은 부자라고 한 이 사건을 통해서 하나님께서 우리에게 주시는 인생살이의 중요한 교훈을 찾아보아야겠습니다.

1. 모든 것을 이 세상살이에 두는 것은 어리석은 것입니다.

이 부자의 어리석음은 이 세상에서 모든 것을 다 가지고 즐기려는 것이었습니다. 많은 곡식을 수확했을 때 그것을 다 창고에 쌓아두어 여러 해 동안 아무런 걱정 없이 살아갈 수 있도록 했습니다. 이 사람은 꽤 많은 연구를 했습니다. 사업에 상당한 수완이 있고 계산을 잘 하는 사람입니다. 우리는 저축도 하고 물건도 아껴 써야 합니다.

그런데 이 부자에게는 여러 해 쓸 물건을 곳간에 쌓아두는 다른 목적이 있었습니다. 그것은 바로 쉬고 먹고 마시고 즐기자는 것이었습니다. 영어 성경에는 "And I'll say to myself,"

즉 "내가 내 자신에게 말하리라. 이제 편히 쉬자. 먹고 마시고 즐기자."라고 번역했습니다. 이 부자의 관심은 오직 편히 쉬고 먹고 마시는데 집중되어 있었습니다.

이 부자의 생각에는 오직 이 세상에 물질을 모으는 것이었습니다. 물론 우리는 열심히 일해서 정당한 이익을 남겨야 합니다. 그런데 이 부자의 잘못은 이 물질을 모은 목적이 오직 쉬고 먹고 마시고 즐기는 것에 모든 것을 다 걸고 있다는 사실입니다. 한마디로 쾌락주의요 향락주의입니다.

사람에게는 인생을 살아갈 동안에 정직하고 열심히 일하여 정당한 소득을 얻고 그것을 즐길 수 있는 권한이 있습니다. 우리가 살아가려면 필요한 휴식도 하고 먹기도 해야 합니다. 그리고 여가를 선용하여 즐길 줄도 알아야 합니다. 그러나 쉬고 먹고 마시고 즐기는 것만이 우리의 목적이 되어서는 안됩니다.

마치 이 세상이 전부인 것처럼 이 세상에 살 동안에 모든 것을 다 이루고 즐기려는 것은 어리석은 것입니다. 이 세상의 쾌락과 즐거움은 끝이 있다는 사실을 모르는 사람은 어리석은 사람입니다. 그리고 이 부자는 이 세상에서는 진정한 만족이 없다는 사실을 몰랐습니다. 그러므로 어리석은 사람입니다.

유명한 여배우 엘리자베스 테일러는 결혼을 여덟 번이나 했습니다. 과연 그녀는 만족한 생활을 하고 있을까요?

세계를 떠들썩하게 했던 영국의 황태자 찰스와 다이애나의 결혼은 모든 사람들의 흠모의 대상이 되었습니다. 평민 출신의 다이애나가 장차 대영제국의 여왕으로서의 모든 것을 다 소유하게 되었다고 부러워했습니다. 이 세상의 좋은 것은 다 가졌다고 생각하는 사람들이 많았습니다. 그러나 그들의 결혼생활은 불행해지기 시작했습니다. 찰스 황태자는 다른 여성과 사랑을 나누었습니다. 여기에 화가 난 다이애나도 다른 남자와 사랑을 하게 됩니다. 결국 별거하게 되고 나중에는 다이애나가 파리에서 교통사고로 비참한 죽음을 당함으로 그들의 결혼생활은 슬픈 비극으로 막을 내리게 되었습니다.

오늘날에도 많은 사람들은 이 세상에 모든 것을 걸고 살아갑니다. 돈이 인생의 행복을 주는 것으로 알고 오직 돈을 모으는 것만을 목적으로 살아갑니다. 우리에게 돈은 필요한 것이나 돈이 우리의 행복을 절대 보장할 수는 없습니다. 왜냐하면 돈 때문에 불행을 당하는 일이 너무도 많이 일어나고 있기 때문입니다. 대부분의 끔찍한 사고들 즉 살인이나 강도는 다 돈 때문에 일어납니다. 돈 때문에 부모를 죽이고, 아이를 죽이고, 남편을 죽이고, 아내를 죽이고, 형제를 죽이고, 이웃을 죽입니다. 돈만 있으면 행복이 보장된다는 것은 잘못된 생각입니다.

하나님은 이 세상에서 최고의 만족과 행복을 다 찾으려는 부자를 향해서 '어리석은 자여' 라고 하셨습니다.

이 세상에 모든 것을 다 쌓아둘 수는 없습니다. 우리는 이 세상에서 모든 만족을 다 누릴 수는 없습니다.

2. 이 부자가 어리석은 것은 이 세상에서 쉬고 먹고 마시고 즐기는 쾌락보다 더 중요한 것이 있음을 몰랐다는 사실입니다.

1) 이 어리석은 부자는 자신의 생명에 대해서는 아무런 준비를 하고 있지 않았습니다.

어리석은 부자는 오직 육체적으로 쉬고 먹고 마시는 데에만 관심을 가지고 있었습니다. 하나님께서 그 부자에게 "오늘 밤에 네 영혼을, 네 생명을 도로 찾으리니 그러면 네 예비한 것이 누구의 것이 되겠느냐?"고 반문하셨습니다. 이 부자가 어리석은 것은 그의 생명에 대한 아무런 준비를 하지 못하고 있었다는 사실입니다.

사람은 육체와 영혼으로 구성되어 있습니다. 참 행복은 육체의 만족으로 얻어지는 것이 아닙니다. 영혼의 만족이 없이는 아무리 쉬고 먹고 마시고 즐겨도 안됩니다. 우리가 죽는다는 것은 영혼이 육체를 떠나는 것을 말합니다. 바로 생명이 떠나는 것이 죽음입니다. 그러므로 아무리 먹고 마시고 즐겨도 그것은 육체의 만족은 있을지 몰라도 영혼의 만족은 없습니다.

이 어리석은 부자는 오직 이 세상에서 먹고 마시고 즐기는 데 모든 것을 다 걸고 자신의 생명과 영혼에 대해서는 전혀 준비를 하고 있지 않았습니다.

2) 그리고 우리의 생명은 하나님께서 도로 찾으신다는 것을 몰랐습니다.

어리석은 부자는 물질을 많이 준비해 놓았으므로 오래 살며 즐길 줄로만 알았습니다. 최소한 몇 년간은 먹을 것이 풍부하므로 실컷 즐길 줄로 알았던 것입니다. 모든 것이 자기의 생각대로 뜻대로 되는 줄로 알았습니다. 이것이 어리석은 것입니다. 이 부자는 하룻밤 사이에 하나님이 생명을 불러 가신다는 사실을 꿈에도 생각하지 못한 어리석은 사람이었습니다.

성경은 말씀합니다. 하나님께서 그 부자를 향하여 '어리석은 자여 오늘밤에(영어 성경에는 'this very night') 네 생명을 도로 찾을 것이다. 그러면 네가 스스로 준비해 놓은 것을 누가 얻겠느냐?'고 말씀하셨습니다.

하나님은 우리 인생을 창조하셨습니다. 우리에게 생명을 주셨습니다. 그러므로 하나님의 계획에 따라 우리의 생명을 도로 찾아가십니다. 우리는 우리의 생명이 언제까지인지 아무도 모릅니다. 어떤 분은 100세 까지는 살 자신이 있다고 하는데 그것을 어떻게 장담할 수 있습니까? 우리가 이 세상을 떠날 날을 아는 사람은 아무도 없습니다.

만약에 사람들이 자기의 생각하는 대로 이 세상에서 살다가 죽을 수 있다면 어떤 일이 벌어지겠습니까? 세상은 아주 무질서하게 되어 버릴 것입니다. 세상은 행복하기보다는 더욱 더 불행해질 것입니다. 우리가 이 세상을 떠나 갈 그 시간은 아무도 모릅니다. 어디서 죽을지도 모릅니다. 몇 살까지 살지도 모릅니다. 그것은 오직 우주와 사람의 생명을 만드신 하나님만이 아십니다.

얼마 전 세계적으로 상영된 'Titanic'이란 영화가 있었습니다. Titanic은 너무도 유명한 사건이므로 영화가 상영되기 이전부터 많은 사람들이 알고 있었습니다. 호화 여객선 Titanic

어리석은 부자

호가 출항했을 때 그 배가 침몰될 것을 생각한 사람은 아무도 없었습니다. 선장까지도 자신 있게 "하나님도 이 배를 침몰시킬 수 없다."고 말했습니다. 그 배에서는 춤과 술, 그리고 도박과 파티가 벌어지고 있었습니다. 그날 밤에 그들이 차디찬 바닷물 속에서 죽으리라고 생각한 사람은 아무도 없었습니다. 그러나 그 배는 빙산에 부딪혀 파선하였고 그 곳에서 수많은 사람들이 아우성을 치면서 죽어갔습니다.

아무도 우리의 생명이 언제 끝날지 알 수 없습니다. 아무도 우리 마음대로 우리의 생명을 조정할 수 없습니다. 돈이 많은 재벌도 죽습니다. 만약 그가 돈으로 자신의 생명을 조정할 수 있었다면 장수했을 것입니다. 그러나 그렇게 할 수 없었습니다. 건강한 운동 선수도 가야 합니다. 아름다운 미인들도 가고 어린 아이들도 가야 합니다.

인생은 잠깐입니다. 긴 것 같고 오래 산 것 같으나 우리의 인생은 너무도 짧습니다. 그래서 성경은 우리 인생을 "잠깐 있다가 사라지는 안개니라"고 했습니다. 풀과 같고 풀의 꽃과 같아서 시들고 떨어진다고 했습니다.

120년을 살았던 모세는 "우리의 연수가 칠십이요 강건하면 팔십이라도 그 자랑은 수고와 슬픔 뿐이요 신속히 가니 우리가 날아가나이다"라고 고백했습니다.

이 모든 것이 하나님의 주권에 달려 있습니다. 오늘밤이라도 하나님이 부르시면 우리는 가야만 합니다. 하나님이 오라고 부르실 때 나는 갈 수 없다고 항거할 사람은 아무도 없습니다. 천하 장사나 영웅 호걸도 하나님이 부르시면 맥없이 갈 수밖에 없습니다. 하나님이 우리를 언제 부르실 지는 아무도 모릅니다.

잠을 자다가 가시는 분도 있습니다. 교통사고로 세상을 떠나는 사람도 많습니다. 갑작스런 병으로 세상을 떠나는 사람도 많습니다. 오늘밤에 우리의 생명을 부르실 지 내일 부르실 지는 아무도 모릅니다. 그것은 오직 생명을 주관하시는 하나님의 손에 달려 있을 뿐입니다.

3) 그리고 이 부자가 어리석은 것은 자기가 수고하여 준비해 놓은 모든 것이 자기의 것인 줄 알고 먹고 마시고 즐기려고 했다는 사실입니다.

그러나 하나님께서는 "어리석은 자여 오늘밤에 네 생명을 도로 찾으리니 네가 수고하여 예비한 것이 누구의 것이 되겠느냐?"라고 하셨습니다.

이 부자는 실컷 수고하여 얻은 것을 먹고 마시고 즐기려 했지만 자신은 사용하지도 못한 채 죽고 다 다른 사람에게로 넘어가고 말았습니다. 아무리 많은 재산을 가져도 내 생명이 죽어 버리면 아무 소용이 없습니다. 오늘밤에 하나님이 나를 부르시면 우리는 모든 것을 다 두고 가야 합니다. 아무리 내가 소중히 여기고 아끼는 것이라도 한가지도 가져가지 못하고 떠나야 합니다. 그러므로 우리에게 가장 중요한 것은 우리의 생명입니다.

예수님은 말씀하셨습니다. "사람이 만일 온 천하를 얻고도 제 목숨을 잃으면 무엇이 유익하리요"(마태복음 16:26). 그러므로 우리는 이 세상의 물질이나 쾌락보다도 가장 근본적인 생명에 모든 관심을 두어야 합니다. 즉 우리의 목표를 영원히 사는 생명에 두어야 합니다. 잠깐 있다가 없어질 이 세상의 것에 모든 관심을 가진 사람은 어리석은 부자와 같습니다. 세상의 쾌락과 물질에 모든 것을 거는 사람은 어리석은 부자입니다. 그러나 영원한 생명에 관심을 가지고 영원한 생명을 소유한 사람은 진정한 부자입니다.

우리는 영원한 하나님의 나라를 바라보는 눈이 있어야 합니다. 하나님은 우리에게 영원히 사는 세계를 보여주셨습니다. 우리 인생은 육체가 죽으면 그의 영혼이 가는 영원한 천국을 소유할 수 있습니다. 그것은 우리에게 생명을 주시고 도로 찾아가시는 하나님을 믿어야 얻을 수 있습니다. 영원히 사는 생명을 얻을 수 있는 길은 하나님을 믿는 것입니다.

이 영원한 생명은 죄를 가지고는 얻을 수 없습니다. 우리가 죄를 가지고는 영원한 하나님 나라에서 영생을 얻을 수가 없습니다. 영원한 생명은 이 죄 문제를 해결한 사람에게만 주어지는 하나님의 선물입니다. 그런데 우리는 모두가 죄인이므로 우리 스스로는 이 죄 문제를 해결할 수 없습니다. 그래서 우리 하나님은 우리의 죄를 용서해 주시고 영원한 생명을 주시기로 작정하셨습니다.

하나님이 인간의 몸을 입고 이 세상에 오셨습니다. 바로 그분이 예수 그리스도이십니다. 예수님은 우리의 모든 죄를 다 짊어지시고 십자가에 달려 자신의 생명을 주시므로 우리의 모든 죄 값을 지불하셨습니다. 그리고 사흘만에 죽음에서 살아나셨습니다. 그리고 하늘 나라에 오르시어 지금도 하나님을 믿는 사람들에게 영생을 주십니다.

성경은 말씀합니다. "하나님이 세상을 이처럼 사랑하사 독생자를 주셨으니"(요한복음 3:16). 예수님은 말씀하셨습니다. "내가 진실로 진실로 너희에게 이르노니 내 말을 듣고 또 나 보내신 이를 믿는 자는 영생을 얻었고 심판에 이르지 아니하나니 사망에서 생명으로 옮겼느니라"(요한복음 5:24).

우리 모두 어리석은 부자처럼 모든 소망을 이 세상에 두지 말고 하나님을 모십시다. 지금도 구원받을 자를 찾으시고 믿는 자에게 영생을 주시는 주 예수님을 믿읍시다. 영원한 생명, 영원한 하나님 나라를 얻는 지혜로운 부자, 진정한 부자가 됩시다. 아멘.

1998. 10. 20(장년부)

죄 없는 자가 돌로 치라

예수는 감람산으로 가시다 아침에 다시 성전으로 들어오시니 백성이 다 나오는 지라 앉으사 저희를 가르치시더니 서기관들과 바리새인들이 간음 중에 잡힌 여자를 끌고 와서 가운데 세우고 예수께 말하되 선생이여 이 여자가 간음하다가 현장에서 잡혔나이다 모세는 율법에 이러한 여자를 돌로 치라 명하였거니와 선생은 어떻게 말하겠나이까 저희가 이렇게 말함은 고소할 조건을 얻고자 하여 예수를 시험함이러라 예수께서 몸을 굽히사 손가락으로 땅에 쓰시니 저희가 묻기를 마지 아니하는지라 이에 일어나 가라사대 너희 중에 죄 없는 자가 먼저 돌로 치라 하시고 다시 몸을 굽히사 손가락으로 땅에 쓰시니 저희가 이 말씀을 듣고 양심의 가책을 받아 어른으로 시작하여 젊은이까지 하나씩 하나씩 나가고 오직 예수와 그 가운데 섰는 여자만 남았더라 예수께서 일어나사 여자 외에 아무도 없는 것을 보시고 이르시되 여자여 너를 고소하던 그들이 어디 있느냐 너를 정죄한 자가 없느냐 대답하되 주여 없나이다 예수께서 가라사대 나도 너를 정죄하지 아니하노니 가서 다시는 죄를 범치 말라 하시니라

(요한복음 8:1-11)

죄 없는 자가 돌로 치라

가장 부끄러울 때가 언제이겠습니까? 그것은 죄를 지은 것이 발각되었을 때입니다. 그것도 많은 사람들 앞에서 공개적으로 밝혀질 때입니다. 매스컴을 통해서 범죄한 사람들이 연행되는 장면을 우리는 매일 같이 봅니다. 대부분이 얼굴을 가리우고 머리를 숙입니다. 그것은 부끄러워서입니다.

오늘 성경 본문에 한 여인이 죄를 지었습니다. 그것도 간음죄입니다. 그런데 현장에서 발각되어서 끌려나왔습니다. 많은 사람들이 분노하여 그녀를 향하여 정죄를 합니다. 그런데 남자는 어디론가 가버리고 여자만 예수님께로 끌고 와서 소란을 피웁니다. 모두가 돌을 던져 죽여야 한다고 흥분을 합니다. 이때 예수님께서 하신 말씀은 "너희 중에 죄 없는 자가 먼저 돌로 치라."는 것이었습니다.

우리는 여기에서 중요한 사실을 배울 수 있습니다.

1. 우리 모두는 다 죄인이라는 사실입니다.

분노한 군중들이 이 여자를 향하여 돌을 던져 죽이라고 소란을 피울 때 예수님께서 그들을 향하여 "너희 중에 죄 없는 자가 먼저 돌로 치라."고 말씀하시자 모두가 양심의 가책을 받고 물러갔습니다. 이것은 모든 사람이 다 죄인이라는 사실을 가르쳐 줍니다. 그 누구도 죄 없다고 자신 있게 말할 사람이 없다는 것을 보여준 사건입니다. '나는 죄가 없다.'고 말하면서도 이 여인을 향해서 돌을 던질 사람은 아무도 없었다는 것입니다.

성경은 말씀합니다. "의인은 없나니 하나도 없으니"(로마서 3:10). 이 세상에 죄 없는 의인은 하나도 없습니다.

만약에 '나는 결코 죄를 지은 적이 없소' 하면서 큰 소리를 치는 사람이 있다면 아무도 그 사람을 정상적으로 보지 않을 것입니다. 죄의 종류와 죄질은 다르지만 어떤 모양으로든지 우리 모두는 죄를 지어가면서 살아가고 있습니다. 우리는 주로 말로써 많은 죄를 짓게 됩니다. 남을 비방하고 험담하는 것, 거짓말하는 것, 또는 남을 미워하는 것들은 다 죄입니다. 여기에 해당되지 않는 사람이 얼마나 되겠습니까? 그리고 실제 행동으로 죄를 짓습니다. 남을 구타하거나, 물건을 훔치거나, 사기를 치거나, 바람을 피우고 간음하는 일도 서슴지 않고 행합니다. 그리고 마음속으로 짓는 죄는 더 많습니다. 남을 미워하고, 원망하고, 시기하고, 질투하고, 마음에 탐욕을 품습니다. 사람은 하루 동안 일만 번의 생각을 한다고 합니다. 그 중에 우리가 나쁜 생각을 몇 번이나 하겠습니까? 아마 아무리 착한 사람이라도 최소한 수십 번은 할 것입니다.

성경은 남을 미워하는 것은 살인죄라고 말씀합니다. 물건을 탐내면 이미 도둑질을 했다고 말씀합니다. 마음속에 음욕을 품으면 벌써 간음죄를 지었다고 합니다. 여기에 해당되지 않는 사람이 얼마나 있겠습니까? 우리 모두는 다 죄인입니다.

2. 그러므로 우리 모두는 다 돌에 맞아야 합니다.

이 여인만 돌에 맞을 것이 아니라 우리도 돌에 맞아야 합니다. 그 당시 율법은 간음하다가 적발된 사람은 돌을 던져 죽였습니다. 그러므로 이 여인은 돌에 맞아야 했습니다. 죄인은 당연히 벌을 받아야 합니다. 이것이 법입니다.

세상의 법대로 하면 당연히 돌에 맞고 벌을 받아야 했습니다. 그러므로 이 여자는 당연히 돌에 맞아야 합니다. 그래서 예수님은 "너희 중에 죄 없는 자가 먼저 돌로 치라."고 하셨습니다. 이 여자는 간음하다가 현장에서 잡혀 끌려왔으므로 돌에 맞는 것은 당연합니다. 현행범이므로 죽어야 했습니다.

하나님은 죄를 미워하십니다. 죄를 지은 자는 벌을 받아야 하는 것이 하나님의 법이요 공의입니다. 그렇다면 우리도 모두 다 돌에 맞아야 합니다. 왜 이 여자만 돌을 맞아야 하겠습니까? 우리가 지은 죄는 없습니까? 우리도 돌에 맞을 수밖에 없습니다. 그리고 이 여인은 돌에 맞아도 원망할 자격도 없고 억울하다고 호소할 수도 없습니다.

이 세상의 법도 무섭습니다. 범죄하면 돌로 쳐서 죽입니다. 부정부패를 적발하여 체포합니다. 비리 혐의가 있으면 사정을 봐주지 않습니다. 북풍이다 남풍이다 해서 반공법에 걸리면 무서운 벌을 받습니다. 세상의 법은 돌로 치는 것입니다.

예수님께서 죄 없는 자가 먼저 돌로 치라는 이 말씀을 듣고 거기에 모여 있던 모든 사람들이 다 양심에 가책을 받고 물러 갔습니다. 왜냐하면 그들 자신도 돌에 맞아야 할 죄인들이기 때문입니다.

3. 죄를 지은 여인이 돌에 맞아 죽게 되었으나 예수님은 용서해 주셨습니다.

모든 사람이 다 물러간 후에 여인만 홀로 남았습니다. 예수님은 그 여인에게 말씀하셨습니다. "나도 너를 정죄하지 아니하노니 가서 다시는 죄를 범치 말라." 이 말씀을 영어 성경에는 이렇게 번역했습니다. "Then neither do I condemn you, go now and leave your life of sin." '나도 너를 정죄하지 아니한다. 이제 가서 죄악된 너의 생활에서 떠나라.' 여기서 가장 중요한 것은 예수님은 이 여인의 죄를 용서해 주셨다는 사실입니다. 용서를 선포하신 것입니다.

죄를 가진 세상 사람들은 이 여인의 죄를 돌로 던져 심판하려고 했습니다. 그러나 죄 없으신 의로우신 예수님은 이 여인을 용서하셨습니다. 예수님은 사랑의 하나님이십니다. 예수님은 어떤 죄인이라도 용서해 주십니다. 예수님이 이 세상에 오신 것은 바로 죄인들을 위해서입니다.

하나님의 법도 죄를 지은 사람은 모두 벌을 받는 것입니다. 이 세상에서도 벌을 받아 모두 죽음을 피할 수가 없습니다. 죽어서 영원한 지옥의 불 심판을 받을 수밖에 없기 때문입니다. 이것은 우리 조상 아담이 지은 원죄의 피가 우리에게 흐르고 있기 때문이요, 동시에 우리가 세상을 살아가면서 스스로 짓는 죄 때문입니다.

그러나 우리 하나님은 사랑의 하나님이십니다. 하나님은 죄인들이 모두 벌을 받아 지옥에 떨어지는 것을 원하지 않으십니다. 하나님은 인간을 구원하기 위해서 인간의 모든 죄를 자신이 대신 지시고 갚아주시기로 작정하셨습니다. 그래서 하나님 자신이 친히 인간의 몸을 입으시고 이 땅에 오셨습니다. 바로 그분이 예수 그리스도이십니다. 하나님이신 예수님은 우리의 모든 죄를 대신 지시고 십자가에 달려 돌아가셨습니다. 그때 예수님은 마지막으로 "다 이루었다."고 말씀하셨습니다. 그 뜻은 헬라어로 "값을 다 지불하였다. 다 치렀다, 다 갚았다."는 의미입니다.

예수님은 우리가 받아야 할 죄 값을 자신의 생명을 대신 드림으로 다 해결하셨습니다. 그리고 사흘만에 무덤에서 다시 살아나셨습니다. 그리고 하늘로 오르시고 이제 이 세상 마지막에 이 세상을 심판하러 다시 오실 것입니다. 예수님은 지금도 우리를 위하여 기도하며 우리를 인도하십니다.

그러므로 누구든지 어떤 죄를 지은 사람이라도 예수님을 통해서 죄를 용서받을 수 있습니다. 간음 중 현장에서 잡혔던 이 여인은 예수님 앞에 나옴으로 용서함을 받았습니다. 부끄러운 모습 그대로 예수님 앞에 나옴으로 죄 용서함을 받았습니다.

예수님은 그 여인의 모든 허물을 다 아셨습니다. 그 여인의 부끄러운 일들을 이미 다 알고 모든 죄를 용서하셨습니다. 예수님 앞에 나오면 어떤 죄라도 용서함을 받을 수 있습니다. 어떤 사람이라도 용서함을 받을 수 있습니다.

사마리아 수가성의 여인이 결혼을 다섯 번이나 했으나 다 실패했습니다. 그리고 여섯 번째 남자와 같이 살고 있으면서도 목말라하는 불쌍한 죄인이었습니다. 그래서 동네 사람들조차 그 여인을 외면하고 상대해 주지 않았습니다. 그러한 여인이 예수님을 만났을 때 예수님은 그녀의 모든 과거를 다 용서해 주셨습니다. 그녀는 담대히 일어나 동네로 들어가 이웃들을 향해 '내가 그리스도를 만났다. 구원의 주님을 만났다.'고 소리쳤습니다. 그 여인은 영원한 생수를 발견하고 새로운 소망과 기쁨을 소유하게 되었습니다. 더 이상 고민하고 엎드려 숨어 살 필요가 없었습니다. 예수님께서 그녀의 모든 죄를 다 용서해 주셨기 때문입니다.

여리고에 삭개오라는 세리가 살고 있었습니다. 이 세리는 로마의 앞잡이로 세금을 착취하여 많은 부정한 방법으로 재물을 축적한 사람입니다. 삭개오는 자연히 사람들로부터 외면당하고 손가락질을 받으며 살아갔습니다. 그러던 어느날 그는 예수님이 오신다는 소식을 듣고 구경하러 나갔습니다. 그는 감히 예수님 앞에 나가서 환영하고 맞이할 처지가 못되었습니다. 그 이유는 그는 죄인이었기 때문입니다. 그러나 그의 마음속에는 멀리서나마 예수님의 얼굴이라도 한번 보고 싶었고, 말씀이라도 한번 듣고 싶었습니다. 키가 작은 그는 염치를 불구하고 뽕나무 위로 올라갔습니다. 그런데 전지하신 하나님이신 예수님은 나무 위에 있는 삭개오를 미리 보셨습니다. 그리고 그의 마음을 읽으시고 그에게 말씀하셨습니다. "삭개오야 내려오너라. 내가 오늘 너의 집에 유하여야겠다." 삭개오는 너무도 뜻밖의 사실에 놀라 감격하여 예수님을 자기 집에 모셔 잔치를 배설하고 예수님 앞에 엎드려 고백했습니다. '저의 재산을 가난한 자들에게 나누어주겠습니다. 그리고 남에게 토색한 것은 네 배로 갚겠습니다.' 이것이 바로 회개입니다. 삭개오는 자기의 과거의 잘못을 고백하고 청산하는 순간입니다. 이때 예수님은 그에게 선포하셨습니다. "오늘 구원이 이 집에 이르렀으니 이 사람도 아브라함의 자손이로다. 인자의 온 것은 잃어버린 자를 찾아 구원하려 함이로다." 예수님은 삭개오의 더러운 과거를 깨끗이 용서하셨습니다. 그리고 구원을 선포하셨습니다. 잃어버린 아들의 권위를 회복시켜 주셨습니다.

예수 앞에 나오면 어떤 사람이라도 어떤 죄라도 용서받을 수 있습니다. 예수님 앞에 나올 때 새로운 인생이 시작됩니다. 오늘 이 자리에 참여한 저를 포함한 모든 분들은 다 죄인입니다. 그러나 예수님 앞에 나와서 그분을 영접한 사람은 누구나 죄를 용서받습니다. 예수님은 말씀하셨습니다. "수고하고 무거운 짐 진 자들아 다 내게로 오라 내가 너희를 쉬게 하리라"(마태복음 11:28).

우리 인생은 모두 무거운 짐을 지고 살아갑니다. 염려 걱정의 짐, 불안과 의심의 짐, 그리고 죄악의 짐들을 가지고 있습니다. 우리는 우리를 억누르는 이 무거운 짐을 다 벗어버려야 합니다. 그것은 모든 무거운 짐을 예수님 앞에 가지고 나오는 것입니다.

세상 사람들은 간음하다 현장에서 잡힌 여자에게 돌을 던지려 했으나 예수님은 그녀를 용서하셨습니다. 예수님은 너희 중에 죄 없는 자가 돌로 치라고 판결하셨습니다.

우리는 모두가 다 죄인입니다. 모두가 돌에 맞아야 할 사람들입니다. 그러나 예수님은 우리의 모든 죄를 용서해 주십니다.

우리를 위하여 십자가에서 모든 죄 값을 다 치르신 예수님을 믿는 자, 예수 앞에 나와서 죄를 고백하고 그분을 영접하는 자는 어떤 죄를 지었더라도 어떤 신분이라도 다 용서함을 받습니다.

성경은 말씀합니다. "만일 우리가 우리 죄를 자백하면 저는 미쁘시고 의로우사 우리 죄를 사하시며 모든 불의에서 우리를 깨끗게 하실 것이요"(요한일서 1:9).

이 시간, 우리 모두 마음의 문을 활짝 열고 주 예수님을 영접합시다. 예수님은 사랑의 하나님이십니다. 예수님은 우리의 모든 죄를 다 용서해 주십니다. 그리고 우리에게 새로운 삶을 주시고, 영원한 하나님 나라 천국을 선물로 주실 것입니다. 아멘.

1998. 10. 20(장년부)

우리의 인생 1

우리의 연수가 칠십이요 강건하면 팔십이라도 그 연수의 자랑은 수고와 슬픔뿐이요 신속히 가니 우리가 날아가나이다 누가 주의 노의 능력을 알며 누가 주를 두려워하여야 할대로 주의 진노를 알리이까 우리에게 우리 날 계수함을 가르치사 지혜의 마음을 얻게 하소서

(시편 90:10-12)

우리의 인생 1

요사이 장수촌에 대한 통계가 잘못되었다는 보도가 나오자 많은 사람들이 실망했습니다. 사무 착오로 장수하는 사람의 수를 엉터리로 통계를 내어 발표했다는 어처구니없는 일입니다. 이것을 보더라도 건강하게 오래 사는 문제에 대해 사람들의 관심이 얼마나 많은지 알 수 있습니다.

오늘 우리가 읽은 성경에는 120년을 살았던 이스라엘의 위대한 지도자가 기록한 시가 나옵니다. 그는 40년간을 이집트의 궁궐에서 공부를 하고, 40년은 광야에서 망명 생활을 했으며, 40년은 이스라엘의 지도자로서의 삶을 보낸 사람입니다.

그는 인생을 오래 살고 많은 경험을 한 사람으로서 우리의 인생에 대하여 아주 짧지만 너무도 정확하게 표현을 했습니다. '우리의 연수가 70이요 강건하면 80이다. 그러나 그 연수의 자랑은 수고와 슬픔뿐이요 그 날들이 신속하게 지나가니 우리가 날아간다.'고 했습니다.

1. 우리의 인생은 짧다는 말입니다.

그렇습니다. 우리의 인생은 긴 것 같으나 짧습니다. 어떤 분은 인생이 지루하다고 하는 분도 있으나 지나고 보니 그 지루한 것도 잠깐이었습니다. 연세가 많은 분들의 말씀은 인생은 너무 빠르게 지나간다고 합니다.

저도 어머니를 모시고 있는데 연세가 85세입니다. 제가 어릴 때에는 몸놀림도 빠르고 힘도 강하시던 어머니가 어느새 여든이 넘은 할머니가 되었습니다. 우리 교회 노인 대학에는 65세 이상의 노인들이 참석하십니다. 모든 분들이 얼마 전만 하더라도 활동적으로 젊게 사셨는데 어느새 할아버지 할머니가 되어 노인대학에 나오십니다.

제가 20대 후반에 공부를 할 때에 존경하던 교수님 한 분이 하신 말씀이 생각납니다. 나이 20에서 40까지의 20년은 참 길고 지루한 것 같은데, 40에서 60까지의 20년은 똑같은 20년이라도 굴러가듯이 빠르게 지나간다고 했습니다. 그 건강하고 운동을 좋아하시던 교수님도 은퇴하시고 미국에서 생활하다가 어느날 조깅을 하던 중에 쓰러져 돌아가셨습니다.

우리 인생은 짧고 빠르게 지나간다는 사실에는 모두가 동의합니다. 성경은 우리 인생을 풀과 같고 풀의 꽃과 같다고 했습니다. 풀은 곧 마르고 꽃은 얼마 못 가서 시들어 떨어집니다. 그리고 우리 인생은 잠깐 있다가 없어지는 안개와 같다고 했습니다. 앞이 보이지 않게 자욱하던 안개도 잠시 후에 태양이 떠오르면 사라져 버립니다. 이것이 우리 인생입니다. 우리 인생은 빨리 지나가 버리는 것입니다.

요즈음 평균 수명이 70을 넘어가니 70까지 사는 것을 대수롭지 않게 보는 사람들이 있습니다. 그러나 사실 70년도 살지 못하고 인생을 마치는 분들도 많습니다. 50대에 세상을 떠나는 분도, 40대에 떠나는 분도, 또는 30대에, 심지어 10대에 세상을 떠나는 사람도 많으니 우리 인생은 짧다고 말할 수밖에 없습니다.

우리들 중에도 부모님을 보내신 분도 있을 것이고, 형제를 보내신 분들, 남편이나 아내를 먼저 떠나 보내신 분들도 있을 것입니다. 그리고 사랑하는 자녀를 먼저 보낸 아픔을 가지신 분들도 있을 것입니다. 인생이 너무 짧지 않습니까?

우리가 어렸을 때는 말할 필요도 없고 얼마 전까지만 해도 서기 2000년대란 말이 나오면 아주 먼 훗날로 생각했는데 벌써 눈앞에 왔습니다. 우리 인생은 잠시 동안 흘러갑니다. 한마디로 인생은 아주 짧다는 것입니다.

2. 그런데 이 짧은 인생의 자랑은 수고와 슬픔뿐입니다.

오늘 이스라엘의 위대한 지도자요 파란 만장한 인생을 살았던 모세의 고백이 우리 인생의 자랑은 수고와 슬픔뿐이라고 했습니다. 우리 인생을 한마디로 요약하면 고통과 근심이라는 것입니다. 이 고백은 보통 사람의 평범한 경험에서 나온 말이 아닙니다. 인생의 모든 경험을 체험한 위대한 영웅의 고백입니다.

이 고백을 한 모세의 인생은 어떠합니까? 모세는 어릴 때 이집트의 노예 생활을 하고 있는 이스라엘 즉 히브리인의 집에서 태어났습니다. 그 당시의 이집트 왕은 히브리인들이 남자 아이를 낳으면 모두 죽이라고 했습니다. 이것이 뜻대로 되지 않자 남자 아이를 나일강에 던지라고 했습니다. 모세의 부모는 3개월 동안 아이를 숨겨 키우다가 더 이상 감출 수 없어서 갈대상자를 만들어 역청을 칠하고 거기에 아이를 담아서 나일강에 띄워보냈습니다. 태어나자마자 강물에 버려지는 불쌍한 처지였습니다. 그런데 이 어린 아이가 담긴 갈대상자는 이집트의 공주가 목욕하는 곳으로 흘러갔습니다. 상자 속에 들어있는 아이를 보게 된 공주의 마음이 변화를 받아 자기의 아들로 삼고 양육했습니다. 공주의 보호 아래 이집트의 모든 학문을 다 배웠습니다. 그러나 자신이 히브리인이라는 사실을 알게 되자, 모세는 모든 부귀 영화를 버리고 자기 민족과 함께 하기로 결심하고 동족을 괴롭히는 이집트 사람을 죽였습니다. 이 사실이 알려지자 이집트 왕이 자기를 죽이려는 줄을 알고 미디안 광야로 도망가서 거기서 40년 동안 양을 치는 목자로서 세월을 보냈습니다. 이집트를 호령하던 왕자 모세가 아무도 없는 광야에서 40년이란 긴 세월을 양을 치는 처량한 목자로 지내게 되었습니다. 40년의 세월이 흐른 뒤 하나님께서 모세를 불렀습니다. 하나님은 모세를 이스라엘의 지도자로 삼으시고 그를 통하여 이집트에 10가지 재앙을 내렸습니다. 마침내 이집트 왕의 항복을 받고 이스라엘은 해방을 얻었습니다. 모세가 하나님의 명령을 따라 지팡이를 내밀자 홍해바다가 갈라졌습니다. 모든 이스라엘 백성은 갈라진 바닷길 사이로 건넜습니다. 추격해 오던 이집트 군대를 향해 모세가 손을 내밀자 바닷물이 합쳐져 모든 군대가 수장되고 말았습니다. 광야 40년 동안 많은 기적과 역사를 체험한 모세는 하나님과 직접 대면하여 이야기를 나누었고, 그의 얼굴에는 광채가 있었으며, 그가 하나님의 회막에 들어갈 때 하나님의 구름이 그 위에 임했습니다. 그리고 하나님께서 그를 산 채로 산 위로 올라오게 하시어 그를 데려가셨습니다. 그 후 아무도 그의 죽음과 시신을 발견할 수 없었습니다. 하나님께서 그를 장사하신 것입니다.

이런 인생의 모든 영광과 고통을 다 경험한 모세의 고백이 무엇입니까? '우리 인생의 자랑은 수고와 슬픔뿐'이라는 것입니다.

역대 대통령들의 고백은 모든 사람이 부러워하는 그 대통령 시절이 가장 힘들고 가장 고통스러웠다고 합니다. 영광스러운 인생의 최고의 절정에 도달했다고 흥분한 순간은 잠깐입니다. 잘하면 존경을 받지만 존경받는 사람이 얼마나 있습니까?

다이애나 황태자비의 사건을 보니 더욱 더 실감이 납니다. 영광은 잠깐이요 고통은 연속됩니다. 클린턴 미국 대통령은 과연 그 자리가 편하겠습니까? 옐친 러시아 대통령도 좌불안석일 것입니다. 이북의 지도자는 과연 편안하겠습니까?

독재자일수록, 칼로 정권을 잡고 유지하는 사람일수록 불안은 더할 것입니다. 영광과 명예는 잠깐인 반면 고통과 슬픔은 더 많은 것이 우리 인생입니다. 우리 모든 인생은 수고합니다. 다 힘들게 살아갑니다. 이것이 인생입니다.

절대 권력을 누렸던 임금들도 다 힘이 들었습니다. 요사이 사극 드라마를 통해서 우리는 임금들의 생활과 궁중 안에서 일어나는 이야기들을 많이 접해서 잘 알고 있습니다. '용의 눈물'이라는 드라마가 시청자들로부터 아주 큰 반응을 일으켰는데 미국의 우리 교포들도 다 보고 들었습니다. 지금도 그 뒷이야기는 전개되고 있습니다.

임금의 자리가 어떤 자리입니까? 부귀와 영화만 있습니까? 고민을 해야 하고 슬퍼해야 하고 힘든 일은 더 많습니다.

세상의 모든 일들은 쉬운 것이 없습니다. 임금도 어렵습니다. 대통령도 힘듭니다. 요즈음 가장(家長) 노릇 하기는 쉽습니까? 어머니, 아내 노릇하기도 힘들지 않습니까? 우리 어린 학생들은 얼마나 고생하고 있습니까? 입시제도 때문에 우리 자녀들이 온갖 고생을 하고 덩달아 부모들까지 함께 고생합니다. 물론 환희와 기쁨의 순간도 있지만 한마디로 요약하면 우리 인생은 수고와 슬픔뿐이라는 사실을 부인할 수 없습니다.

3. 우리의 인생이 신속히 날아가고 그 자랑은 수고와 슬픔뿐이라면 우리의 인생이 얼마나 비참합니까?

그것이 인생의 전부라면 이것은 잘못된 것입니까? 아닙니다. 우리에게는 소망이 있습니다. 우리 인생은 짧고 신속히 지나가나 우리에게는 영원한 세계가 있다는 사실입니다. 우리 인생은 짧으나 이 세상을 창조하시고 우리를 만드신 하나님은 영원하십니다. 이 세상에서 우리 인생의 모든 것이 끝나버리는 것이 아닙니다. 이 세상이 끝나는 순간 우리는 영원한 세계로 들어갑니다. 그러므로 우리는 이 세상에서 살 동안에 영원한 세계에 대한 준비를 해야 합니다. 영원한 세계에 대한 준비도 없이 짧은 인생을 살다가 어느날 갑자기 마감해 버린다면 그 사람의 인생은 실패한 인생이라고 말할 수밖에 없습니다.

그러나 하나님은 영원한 세계를 준비하셨습니다. 그 세계는 영원한 하나님의 나라 천국입니다. 그러나 이 영원한 나라에 들어가려면 반드시 준비해야 할 것이 있습니다. 그것은 바로 하나님 앞에서 자신을 깨끗하게 하고 하나님을 믿는 일입니다.

우리 인생이 이 세상을 살아가면서 지은 죄는 많습니다. 죄를 짓지 않은 사람은 아무도 없습니다. 그러므로 우리 모두는

다 죄인입니다. 이 죄를 가지고는 영원한 하나님의 나라에 들어갈 수 없습니다. 그래서 하나님은 우리를 영원한 하나님 나라에 들어갈 수 있도록 죄의 문제를 해결해 주셨습니다. 하나님이 인간의 몸을 입고 이 세상에 오셨습니다. 그분이 바로 예수 그리스도이십니다. 예수님은 우리의 모든 죄를 자신이 대신 지시고 십자가에서 죽어주셨습니다. 그리고 사흘만에 다시 살아나셨습니다. 그리고 하늘로 올라가셨습니다. 지금은 우리를 위하여 영원한 하나님 나라의 집을 예비하고 기다리고 계십니다. 그러므로 우리를 위하여 자신의 생명을 주신 하나님 즉 예수님을 마음속에 영접하고, 하나님 앞에서 자신의 죄를 고백하는 사람은 모든 죄를 용서받고 영원한 천국에 들어갈 수 있는 권리를 얻게 됩니다.

성경은 말씀합니다. "영접하는 자 곧 그 이름을 믿는 자들에게는 하나님의 자녀가 되는 권세를 주셨으니"(요한복음 1:12).

주 예수님을 믿는 자는 영원한 생명을 얻는 자입니다.

4. 그러므로 우리는 우리의 남은 날 수를 계수하는 지혜를 가져야 합니다.

우리 인생은 짧습니다. 신속히 날아갑니다. 수고와 슬픔뿐입니다. 우리의 인생이 언제 끝날 것인지는 아무도 모릅니다. 그러므로 우리는 우리 인생의 남은 날들을 예비하는 지혜가 있어야 합니다. 아무런 준비 없이 짧은 인생을 살아갈 수는 없습니다. 신속히 날아가는 우리의 날들을 헛되이 보낼 수는 없습니다.

가장 지혜로운 사람은 영원히 사는 세계를 바라보고 준비하는 사람입니다. 영원한 생명을 소유하는 사람입니다. 우리에게 영원한 생명을 주시고 영원한 세계로 인도하실 하나님을 의지하고 그분을 믿는 사람입니다. 우리를 위하여 십자가에서 피흘려 모든 죄 값을 지불하신 하나님, 예수 그리스도를 영접하는 사람입니다.

이 시간 우리는 우리의 마음 문을 열고 주 예수 그리스도를 우리의 구주로 믿고, 그분을 영접하면 우리는 영생을 소유하게 됩니다.

예수님은 말씀하셨습니다. "내가 진실로 진실로 너희에게 이르노니 누구든지 내 말을 듣고 또 나 보내신 이를 믿는 자는 영생을 얻었고 심판에 이르지 아니하나니 사망에서 생명으로 옮겼느니라"(요한복음 5:24).

우리의 인생은 짧습니다. 신속히 날아갑니다. 그리고 그 자랑은 수고와 슬픔뿐입니다. 그러나 주 예수님을 영접한 우리에게는 영원한 세계, 하나님의 나라가 예비되어 있습니다. 이 영원한 생명을 계산하고 영원한 세계를 준비하는 사람이야말로 가장 지혜로운 사람입니다. 우리 모두 주 예수님을 영접함으로 영원한 세계를 소유하고 살아가는 지혜로운 백성들이 됩시다. 아멘.

1998. 10. 21(장년부)

돌아온 아들

또 가라사대 어떤 사람이 두 아들이 있는데 그 둘째가 아비에게 말하되 아버지여 재산 중에서 내게 돌아올 분깃을 내게 주소서 하는지라 아비가 그 살림을 각각 나눠 주었더니 그 후 며칠이 못되어 둘째 아들이 재산을 다 모아 가지고 먼 나라에 가 거기서 허랑방탕하여 그 재산을 허비하더니 다 없이 한 후 그 나라에 크게 흉년이 들어 저가 비로소 궁핍한지라 가서 그 나라 백성 중 하나에게 붙여 사니 그가 저를 들로 보내어 돼지를 치게 하였는데 저가 돼지 먹는 쥐엄 열매로 배를 채우고자 하되 주는 자가 없는지라 이에 스스로 돌이켜 가로되 내 아버지에게는 양식이 풍족한 품군이 얼마나 많은고 나는 여기서 주려 죽는구나 내가 일어나 아버지께 가서 이르기를 아버지여 내가 하늘과 아버지께 죄를 얻었사오니 지금부터는 아버지의 아들이라 일컬음을 감당치 못하겠나이다 나를 품군의 하나로 보소서 하리라 하고 이에 일어나서 아버지께 돌아가니라 아직도 상거가 먼데 아버지가 저를 보고 측은히 여겨 달려가 목을 안고 입을 맞추니 아들이 가로되 아버지여 내가 하늘과 아버지께 죄를 얻었사오니 지금부터는 아버지의 아들이라 일컬음을 감당치 못하겠나이다 하나 아버지는 종들에게 이르되 제일 좋은 옷을 내어다가 입히고 손에 가락지를 끼우고 발에 신을 신기라 그리고 살진 송아지를 끌어다가 잡으라 우리가 먹고 즐기자 이 내 아들은 죽었다가 다시 살아났으며 내가 잃었다가 다시 얻었노라 하니 저희가 즐거워하더라

(누가복음 15:11-24)

돌아온 아들

우리 나라가 어려운 시대를 맞이하여 중소기업들은 부도가 나 도산을 하고, 근로자들은 직장에서 퇴출되고, 은행들도 문을 닫고, 노숙자들이 늘어나는 가슴 아픈 일들을 경험했습니다. 내년부터는 경기가 좋아진다고 하나 얼마나 좋아질지, 또 그 기간은 얼마나 걸릴지 장담할 사람은 아무도 없습니다.

오늘 성경 말씀에 아주 어려움을 당하는 아들의 이야기가 나옵니다.

1. 이 아들은 아버지 곁을 떠나므로 큰 어려움을 당했습니다.

어느 부잣집에 두 아들이 있었는데 둘째 아들이 문제를 일으켰습니다. 아버지와 한 집에서 사는 것이 답답하고 고통스러워서 혼자 독립을 하고 싶었습니다. 아버지의 간섭을 받지 않고 바깥 세상에서 마음껏 한번 살아보고 싶었습니다. 그래서 이 아들은 아버지에게 재산을 나눠 달라고 졸랐습니다. 아버지로부터 물려받은 많은 재산으로 가능한 한 아버지로부터 멀리 떨어진 곳에 가서 모여드는 친구들과 어울려 신나게 살았습니다. 돈을 허랑 방탕하게 쓰다 보니 결국은 거지가 되고 말았습니다. 설상가상으로 그 나라에 큰 흉년이 들었습니다. 먹을 것조차 제대로 얻지 못해 겨우 돼지를 치는 직장을 얻었습니다. 배가 고파서 돼지가 먹는 쥐엄 열매로 배를 채우고자 했지만 그것마저 주는 사람이 없었습니다. 그는 이제 굶어 죽게 되었습니다. 왜 이 아들이 이런 지경에 빠졌습니까? 그 원인은 아버지의 집을 떠난 데에 있었습니다.

오늘날 우리가 사는 세상이 왜 이렇게 어렵고 힘이 듭니까? 그 원인은 바로 이 세상을 창조하시고 우리 인생을 만드신 하나님 아버지를 떠난 데에 있습니다. 하나님은 우리 인생을 만물 가운데 가장 훌륭한 걸작품으로 창조하셨습니다. 즉 우리를 하나님 자신의 형상대로 만드시고 에덴동산에서 행복하게 살도록 하셨습니다. 그러나 우리 인생이 하나님의 명령을 어기고 죄를 지음으로 에덴동산에서 쫓겨나 그때부터 수고하고 땀을 흘리며 살아갈 수밖에 없게 되었습니다. 하나님 아버지를 떠날 때 땅은 가시와 엉겅퀴를 내고 남자는 수고하여 땀흘려 일해야만 했습니다. 여자는 아이를 낳는 고통을 감수해야만 했습니다. 자연도 파괴되었습니다. 서로 싸우고 죽이고 주도권을 잡고 생존을 보존하기 위해서 피를 흘려야만 하는 세상으로 바뀌고 말았습니다.

왜 우리 인생이 불행을 맛보아야 합니까? 아버지 하나님의 품을 떠났기 때문입니다. 창조자 하나님의 집에서 죄악의 세계를 향해서 떠나간 데에 문제가 있습니다. 많은 인생들은 항상 만족이 없고 불안합니다. 정신적으로 안정을 찾지 못하고 방황하고 있습니다. 그 이유는 창조주 여호와 하나님을 떠났기 때문입니다. 하나님께서 만드신 법을 깨뜨리고 자기 마음대로 살아가려고 했던 것이 문제입니다.

하나님을 떠난 결과는 어떻게 되었습니까? 처음에는 잘 되는 듯 했고 즐겁고 좋았으나 결국 실패하고 말았습니다.

2. 아버지의 품을 떠난 아들은 배가 고파 죽게 되었습니다.

그때서야 이 아들은 자신의 모습을 발견하게 되었습니다. 자신이 왜 이렇게 되었는지 원인을 찾아보았습니다. 그때 아버지가 생각났습니다. "내 아버지 집에는 양식이 풍부하고 하인들도 풍성한 음식을 먹고 사는데 나는 여기서 굶어 죽게 되었구나!" 아들은 자아를 발견했습니다. 자신의 모습을 정확하게 보게 되었습니다. 아들은 무엇이 어디에서 잘못되었는가를 알게 되었습니다.

세상 모든 만사에는 그 원인이 있습니다. 이 아들은 자신이 왜 이렇게 죽을 지경에 빠졌는가를 깊이 생각해 보았습니다. 이것은 아주 중요합니다. 어려운 문제를 당했을 때 그 원인이 어디에 있었는가를 살펴보는 것은 기본입니다. 자신의 잘못을 바로 알고 깨닫는 여기에 희망이 있습니다. 이 아들은 아버지를 생각했습니다. 여기에 살 길이 있습니다.

3. 자아를 깨닫고 아버지를 생각한 아들은 중대한 결단을 합니다.

아들은 아버지께로 돌아가겠다고 결심을 합니다. 그리고 자신의 잘못을 인정했습니다. 아들은 스스로 결심을 합니다. "내가 일어나 아버지께 가서 이르기를 아버지여 내가 하늘과 아버지께 죄를 얻었사오니 지금부터는 아버지의 아들이라 일

걸음을 감당치 못하겠나이다. 나를 품군의 하나로 보소서 하리라." 이 아들은 자신의 잘못을 깨닫고 인정했습니다. 아버지께로 돌아가는 것이 살 길임을 알았습니다. 아들은 아버지의 품으로 돌아와야 합니다.

미국의 어느 가정에 어머니와 함께 사는 아들이 있었습니다. 이 아들은 늘 불평이었습니다. 그래서 그는 어머니의 집을 뛰쳐나와 자기가 하고 싶은 것을 다하며 살기로 결심했습니다. 그는 집에 있는 돈을 들고 어머니의 집에서 도망쳤습니다. 그때 그 아들이 뛰쳐나가는 것을 말리던 어머니는 자기의 아들을 향해 외쳤습니다. "얘야, 너의 인생에 가장 마지막 순간에 너의 어머니가 섬기는 하나님을 찾아라." 아들은 그 어머니의 목소리를 뒤로하고 멀리 달아났습니다. 결국 이 아들은 뒷골목의 깡패들과 어울려 죄를 지으면서 살게 되었고 점점 어둠의 깊은 수렁에 빠져 나올 수 없는 지경에 이르렀습니다. 세상의 쾌락과 향락에 젖어 하고 싶은 대로 하며 살았지만 그의 마음은 점점 더 공허감에 젖어 오히려 더 답답하고 고통스러웠습니다. 드디어 그는 더 이상 이 세상에서 살고 싶은 마음이 사라졌습니다. 이 고통스러운 세상에서 모든 것을 끝내고 싶었습니다. 그래서 그는 강가로 나갔습니다. 권총을 그의 머리에 대었습니다. 죽음을 앞두고 그의 과거가 주마등처럼 스쳐 지나갔습니다. 마지막 방아쇠를 잡아당기려는 순간 집을 뛰쳐나올 때에 자기의 뒷머리를 향해서 외치던 어머니의 목소리가 들렸습니다. "애야, 너의 인생의 가장 마지막 순간에 너의 어머니가 섬기는 하나님을 찾아라." 이 소리가 떠오르자 그는 어머니를 불렀습니다. 그는 어머니의 하나님을 불렀습니다. 그는 권총을 강물 속으로 던져버리고 어머니의 집으로 달려가기 시작했습니다. 집에 도착해보니 문은 열려 있었으나 어머니는 보이지 않았습니다. 그는 어머니를 외치며 달려들어갔습니다. 드디어 그가 어머니를 발견했을 때 어머니는 그 시간에도 엎드려 아들이 돌아오기를 간절히 눈물로 기도하고 있었습니다. 이 아들은 어머니의 품으로 돌아왔습니다. 아들은 과거의 모든 잘못을 회개하고 다시 돌아와서 새사람이 되었습니다. 그는 신학을 공부하여 목사가 되었고 나중에는 위대한 신학자가 되었습니다. 그는 많은 사람들에게 큰 감동을 준 R.A. Torray 박사입니다.

4. 집을 나간 아들이 아버지 집으로 돌아올 때 그에게는 새로운 길이 준비되어 있습니다.

아들이 돌아오자 아버지는 이 아들을 멀리서 알아보고 달려와서 목을 끌어안고 입을 맞추며 환영했습니다. 돌아온 아들은 아버지에게 자신의 잘못을 고백합니다. "아버지여, 내가 하늘과 아버지께 죄를 지었사오니 지금부터는 나를 아버지의 아들이라 일컬음을 감당치 못하겠나이다." 그러나 아버지는 하인들에게 명령했습니다. "제일 좋은 옷을 내어다가 입히고 손에 가락지를 끼우고 발에 신을 신기라. 그리고 살진 송아지를 끌어다가 잡으라. 우리가 먹고 즐기자." 아들은 자기가 지은 죄 때문에 아들의 자격을 상실하고 품군의 한 사람으로 대해주기만 해도 좋겠다는 마음으로 돌아왔으나, 아버지는 생각 밖의 극진한 영접을 해 주었습니다. 그에게는 아버지가 보장해 준 새로운 삶이 준비되어 있었습니다. 아들은 배고픔을 해결했습니다. 아버지께 지은 죄로 인해 항상 괴로워하던 죄 문제가 아버지 앞에 고백함으로 다 용서함을 받았습니다.

오늘날 우리 인생들의 비극 역시 우리의 창조자이신 하나님 아버지의 품을 떠남으로부터 시작되었습니다. 하나님 아버지의 간섭 없이, 자기가 하고 싶은 대로 살아 온 결과 비극이 찾아온 것입니다. 결국 죄를 짓고 하나님의 진노를 살 수밖에 없습니다.

하나님 아버지를 떠나는 것이 바로 죄입니다. 우리 인생의 비극은 창조주요 복의 근원이 되시는 하나님을 떠남으로 시작되었습니다. 하나님 없이 사는 생활 자체가 바로 죄입니다. 죄는 창조주 하나님의 말씀을 어기는 것입니다. 우리 하나님은 공의의 하나님이십니다. 따라서 죄를 용납하지 않으십니다. 하나님은 반드시 죄를 벌하십니다. 그런데 우리 모든 사람은 다 죄인입니다. 성경은 "의인은 없나니 하나도 없나니"

라고 말씀합니다.

우리는 매일 말로써 죄를 짓습니다. 그리고 우리의 행동으로 죄를 짓습니다. 또한 우리는 마음의 생각으로도 죄를 짓습니다. 어떤 심리학자는 말하기를 사람은 하루에 일만 번의 생각을 한다고 합니다. 그 일만 번의 생각 중에 우리가 나쁜 생각을 하는 것이 얼마나 되겠습니까? 우리 모두는 하루에도 수없이 죄를 짓고 살아갑니다. 그러므로 우리는 죄에 대한 벌을 받아야 마땅합니다. 즉 하나님의 심판을 받아야만 합니다. 바로 그 벌이 죽음입니다.

이 세상에 있는 모든 사람들은 다 죽음을 피할 수가 없습니다. 그러나 죽음은 육신의 죽음으로 끝나는 것이 아닙니다. 우리의 영혼이 육신에서 떠나는 것이 바로 죽음입니다. 우리가 죽으면 육신은 땅에 묻거나 화장(火葬)을 합니다. 그러면 영혼은 어떻게 됩니까? 그 영혼은 하나님 앞으로 갑니다. 하나님 앞에서 심판을 받습니다.

성경은 말씀합니다. "한번 죽는 것은 사람에게 정하신 것이요 그 후에는 심판이 있으리니"(히브리서 9:27).

그렇습니다. 우리 인생은 모두 죄 때문에 죽어야만 합니다. 그래서 우리는 모두 심판을 받아야 합니다. 그 심판은 육신의 죽음입니다. 결과 영혼은 영원한 불에 떨어지는데 그곳이 바로 지옥입니다.

이 세상을 떠난 사람은 두 개의 나라 중에 한 곳으로 가야만 합니다. 영원한 행복과 영화와 영광으로 가득 찬 하나님의 나라 바로 천국이 있습니다. 그곳은 슬픔과 고통이 없으며, 병도 없고 눈물도 없고, 죽음도 없는 곳입니다. 열두 진주문과 길은 황금으로 닦여져 있고 영원하신 하나님 아버지를 만나는 곳입니다. 반면 영원토록 고통과 어두움과 고민과 불구덩이가 떨어지는 지옥입니다. 너무도 고통스러워 차라리 죽고 싶어도 죽을 수조차 없는 영원한 사망의 자리입니다.

죄인은 모두 지옥으로 가야 하는 것이 하나님의 공의입니다. 그러나 우리 하나님은 인간을 지옥의 형벌로 보내기를 원치 아니하시는 사랑의 하나님이십니다. 그래서 하나님은 우리를 천국으로 데려가시기 위해서 우리의 모든 죄를 대신 해결해 주시는 방법을 만드셨습니다. 그것은 죄 없으신 하나님 자신이 인간으로 오셔서 우리의 죄를 대신 짊어지시는 것입니다. 바로 그 하나님이 예수 그리스도이십니다. 하나님이신 예수 그리스도께서 우리를 위하여 이 땅으로 인간의 몸을 입고 오셔서 자신이 십자가에 달려 죽어주심으로 우리의 모든 죄 값을 다 지불하셨습니다. 그리고 사흘만에 다시 살아나셨습니다. 죽음을 이기시고 살아나신 것입니다. 그리고 하늘나라로 올라가셨습니다. 예수님은 지금도 그 곳에서 우리를 위하여 기도하고 계십니다. 그리고 이 세상 마지막 날에 다시 오셔서 모든 사람을 심판하실 것입니다. 그러므로 누구든지 하나님이신 예수 그리스도를 믿으면 모든 죄 문제를 해결 받고 영원한 생명을 얻습니다.

성경은 말씀합니다. "하나님이 세상을 이처럼 사랑하사 독생자를 주셨으니 이는 저를 믿는 자 마다 멸망치 않고 영생을 얻게 하려 하심이니라"(요한복음 3:16), "영접하는 자 곧 그 이름을 믿는 자들에게는 하나님의 자녀가 되는 권세를 주셨으니"(요한복음 1:12).

집을 나가서 마음대로 살다가 아버지 집으로 돌아온 아들은 아버지 앞에 죄를 고백하고 용서를 구했을 때 아버지는 죄를 용서해 주었을 뿐만 아니라 아들의 권리도 회복시켜 주셨습니다. 여러분이 가지고 있는 모든 고민, 모든 슬픔, 모든 힘든 것, 모든 죄악 모든 것을 가진 채 하나님 아버지께로 돌아오십시오. 그때 하나님 아버지는 다 용서하시고 우리를 영접해 주십니다. 우리를 영원한 하늘 나라로 이끌기 위해서 자신의 생명까지 주신 하나님 아버지는 대문 밖에서 집 나간 아들을 기다리는 아버지처럼 지금도 우리를 기다리십니다.

하나님 아버지는 말씀하십니다. "수고하고 무거운 짐진 자들아 다 내게로 오라 내가 너희를 쉬게 하리라"(마태복음 11:28). 우리 모두 하나님 아버지의 품으로 돌아갑시다. 우리의 모든 잘못과 죄를 고백합시다. 하나님은 우리의 모든 과거를 묻지 않으시고 아버지께로 돌아올 때에 환영하시고, 모든 죄를 용서해 주시고, 영접해 주시며, 영원한 생명을 주실 것입니다. 이 시간, 아버지 하나님의 품으로 돌아서는 위대한 결단을 하셔서 하나님 아버지의 아들이 되고 영생을 얻는 시간이 되시기를 바랍니다. 아멘.

1998. 10. 21(장년부)

부자 청년

어떤 관원이 물어 가로되 선한 선생님이여 내가 무엇을 하여야 영생을 얻으리이까 예수께서 이르시되 네가 어찌하여 나를 선하다 일컫느냐 하나님 한 분 외에는 선한 이가 없느니라 네가 계명을 아나니 간음하지 말라, 살인하지 말라, 도적질하지 말라, 거짓 증거하지 말라, 네 부모를 공경하라 하였느니라 여짜오되 이것은 내가 어려서부터 다 지키었나이다 예수께서 이 말을 들으시고 이르시되 네가 오히려 한 가지 부족한 것이 있으니 네게 있는 것을 다 팔아 가난한 자들을 나눠 주라 그리하면 하늘에서 보화가 네게 있으리라 그리고 와서 나를 좇으라 하시니 그 사람이 큰 부자인 고로 이 말씀을 듣고 심히 근심하더라 예수께서 저를 보시고 가라사대 재산이 있는 자는 하나님의 나라에 들어가기가 어떻게 어려운지 약대가 바늘귀로 들어가는 것이 부자가 하나님의 나라에 들어가는 것보다 쉬우니라 하신대 듣는 자들이 가로되 그런즉 누가 구원을 얻을 수 있나이까 가라사대 무릇 사람의 할 수 없는 것을 하나님은 하실 수 있느니라

(누가복음 18:18-27)

부자 청년

오늘날 사람들의 최대의 관심은 무엇입니까? 그것은 뭐니뭐니 해도 역시 머니인 것 같습니다. 오늘날 젊은이들의 최대 관심도 역시 돈으로 나타나고 있습니다. 물론 돈은 필요합니다. 돈 없이 세상을 살아가기는 아주 어렵습니다. 돈 자체는 악이 아닙니다. 돈은 잘만 사용하면 아주 유익합니다. 그런데 오늘날의 심각한 문제는 모든 것을 돈에 초점을 맞춘다는 것입니다. 돈을 가장 최고의 자리에 둔다는 것입니다. 돈만 있으면 성공한 것으로 보고, 돈만 많으면 행복한 것으로 생각합니다. 이것은 아주 위험하고 잘못된 사고요 가치관입니다.

돈이 많기 때문에 불행해진 사람도 많습니다. 돈 때문에 얻은 것보다 잃어버린 것이 더 많은 사람이 많습니다. 특히 미래에 세상을 주도해 나가야 할 젊은이들마저도 돈에 지나칠 정도로 집착하고 관심을 가지고 있다는데 있습니다. 이 돈과 부의 문제는 어제 오늘의 문제가 아니라 인류의 문명이 시작되고 돈이 사용되고 부가가치가 있게 여겨진 그때부터 수많은 문제를 일으켜 왔습니다.

오늘 성경에 기록된 이야기는 지금부터 약 2천년 전에 일어난 어느 부자 청년에 대한 것입니다. 유능하고 똑똑한 청년이 예수님을 찾아왔습니다. 그의 위치는 관원으로 나와있습니다. 이 사람은 교육도 많이 받았고 집안 배경도 좋으며 많은 재산을 가지고 있었습니다. 젊은 나이로 벌써 관직에 나가 출세한 젊은이였습니다.

그리고 이 청년은 철학적인 것에도 관심을 가졌습니다. 그는 예수님께 질문을 했습니다. "선한 선생님이여, 내가 무엇을 하여야 영생을 얻으리이까?" 영어 성경에는 "Good teacher, what must I do to inherit eternal life?"로 번역되었습니다. 이때 예수님은 그 청년에게 "네가 계명을 아나니 간음하지 말라, 살인하지 말라, 도적질하지 말라, 거짓 증거하지 말라, 네 부모를 공경하라 하였느니라."고 말씀하셨습니다. 예수님은 청년이 계명을 지키는지 물어보셨습니다. 청년은 "이것은 제가 어려서부터 지키었나이다." 하고 대답했습니다. 이 청년은 상당히 종교적으로 살려고 노력을 한 흔적이 보입니다. 이 때 예수님은 네가 한가지 부족한 것이 있다고 하셨습니다. 성경은 이렇게 말씀합니다. "네게 있는 것을 다 팔아 가난한 자들을 나눠 주라. 그리하면 하늘에서 보화가 네게 있으리라. 그리고 와서 나를 좇으라"(누가복음 18:22). 이 말씀을 들은 청년의 반응은 "그 사람이 큰 부자인고로 이 말씀을 듣고 심히 근심하더라."고 성경은 기록하고 있습니다. 다른 성경에는 "근심하며 돌아가니라."고 기록되어 있습니다.

1. 이 부자 청년의 약점은 바로 물질에 있었습니다.

우리가 여기서 풀어야 할 오해가 있습니다. 성경은 돈이나 물질 자체를 악한 것으로 보지 않습니다. 우리에게는 돈도 필요합니다. 돈은 선한 일을 위해서도 필요로 합니다. 그리고 돈은 정당하게 벌고 정당하게 사용을 해야 합니다.

성경은 부지런히 열심히 일을 하라고 말씀합니다. 남의 것을 도적질하지 말고 열심히 일을 하여 남을 도와주는 자가 되라고 가르칩니다. 그러나 돈을 사랑하지는 말라고 합니다. 돈에 대한 욕심을 부리지 말라는 것입니다. 탐욕은 항상 죄악의 시초입니다.

성경은 말씀합니다. "욕심이 잉태한즉 죄를 낳고 죄가 장성한즉 사망에 이르느니라"(야고보서 1:15). 돈을 사랑하지 말라는 것은 돈에 대해 욕심을 품지 말라는 것입니다. 탐욕을 부리지 말라는 말씀입니다. 왜냐하면 돈은 일만 악의 뿌리가 되기 때문입니다.

모든 사건과 문제의 배후에는 항상 돈이 개입되어 있습니다. 돈 때문에 얼마나 많은 불행과 재앙이 만들어지고 있습니까? 살인 사건의 배후에는 돈 문제가 개입됩니다. 돈 때문에 부모를 죽입니다. 돈 때문에 자식을 죽입니다. 돈 때문에 형제를 죽입니다. 돈 때문에 남편을 죽입니다. 돈 때문에 아내를 죽입니다. 돈 때문에 애인을 버립니다. 모든 부정과 부패의 배후에는 돈이 있습니다.

돈의 위력은 대단합니다. 돈 앞에는 꼼짝하지 못하는 세상입니다. 돈 때문에 친구를 배신합니다. 돈 때문에 정조까지 버립니다. 돈 때문에 신앙도 버립니다. 돈 때문에 교회도 버립니다. 돈 때문에 하나님도 버립니다.

오늘 이 청년 역시 돈의 노예가 되어 있었습니다. 예수님은 그것을 아시고 지적하셨습니다. '너는 돈을 너무 사랑한다. 너는 돈의 노예가 되어 있다.'고 지적하셨습니다.

2. 예수님께서 이 부자 청년을 통해 우리에게 주시는 메시지는 돈이나 물질보다 더 중요한 것이 있다는 것입니다.

돈은 인생의 모든 것이 아니며 모든 것이 될 수도 없습니다. 돈보다 더 근본적인 문제가 있습니다. 그것은 바로 영생입니다. 우리의 생명입니다.

예수님은 오직 돈에 인생의 모든 것을 다 걸고 있는 어리석은 청년을 불쌍히 보셨습니다. 이 청년은 돈보다 더 중요한 영생을 무시하고 돈을 따라갔습니다.

돈은 수단입니다. 삶의 목적은 아닙니다. 돈은 있다가 없어지는 것입니다. 돈은 오래 또는 영원히 있는 것이 아닙니다.

예수님은 말씀하셨습니다. "사람이 만일 온 천하를 얻고도 제 목숨을 잃으면 무엇이 유익하리요"(마태복음 8:36). 그렇습니다. 우리가 억만 장자가 되고 엄청난 돈을 은행에 넣어두었다 할지라도 오늘밤에 우리의 영혼이 떠나가 버리면 그 돈이 누구의 것이 되겠습니까?

3. 돈보다 더 중요한 것은 우리의 생명입니다.

그리고 이 생명은 이 세상에 잠깐 있다가 없어지는 육신의 생명이 아니라 영원한 생명입니다. 우리 인생은 육체와 영으로 만들어졌습니다. 우리가 죽는다고 하는 소위 죽음은 육신적인 죽음을 말합니다. 이 육신적인 죽음은 우리의 영혼이 육신을 떠나는 것을 말합니다. 그러면 우리의 영혼은 어디로 갑니까? 공중에 돌아다니는 것이 아닙니다.

우리의 영혼이 죽음 후에 가는 곳은 내세 즉 천국과 지옥이라고 성경은 분명히 말씀합니다. 천국 즉 하나님의 나라에 들어가는 것을 영생이라고 합니다. 왜냐하면 그곳은 죽음도 없고 슬픔도 없고 고통과 눈물도 없기 때문입니다. 반면 지옥은 영원히 고통만 있는 곳입니다. 불못에 들어가 영원한 고통을 당하는 곳입니다.

우리가 오늘 분명히 알 수 있는 것은 돈이 많은 사람은 하나님의 나라에 들어가기가 너무도 어렵다는 것입니다. 예수님은 부자가 하늘 나라에 들어가는 것은 약대가 바늘구멍으로 들어가는 것보다 더 어렵다고 하셨습니다. 왜 그렇습니까? 그것은 하나님보다 돈을 더 사랑하기 때문입니다. 그러므로 돈이나 부가 하나님 나라에 들어가는 장애물이 될 수 있습니다. 돈이나 부 때문에 하나님 나라에 들어갈 수 없다면 이 사람은 실패자입니다. 그렇다면 돈이 많은 부자는 천국에 들어가지 못합니까? 아닙니다. 여기에서 부자는 돈에 포로가 되어 있고 돈을 하나님보다 더 사랑하는 사람을 말합니다.

4. 그러면 누가 하나님의 나라인 천국에 들어갈 수 있습니까?

예수님은 말씀하셨습니다. "무릇 사람의 할 수 없는 것을 하나님은 하실 수 있느니라"(누가복음 18:27). 천국에 들어가느냐 들어가지 못하느냐의 표준은 오직 하나입니다. 바로 하나님을 믿느냐 믿지 않느냐 하는 것입니다.

돈보다 더 중요한 것이 생명이요 영생인데 이 생명을 주시는 분이 누구입니까? 바로 이 우주를 창조하시고 인간을 만드신 하나님 바로 그분이십니다. 우리 하나님은 사랑의 하나님이신 동시에 공의의 하나님이십니다. 하나님은 이 세상을 사랑하셨습니다. 그래서 이 세상을 아름답게 창조하시고 그의 형상대로 사람을 창조하셨습니다. 그리고 사람들을 축복하시고 생육하고 번성하고 세상을 다스리고 정복하라는 문화적인 사명까지도 주셨습니다.

그러나 우리 인간은 하나님의 명령을 어기고 죄를 지었습니다. 창조주의 말씀을 위배함으로 죄가 이 세상에 들어와 이 세상은 부패하고 오염되고 타락되어 버렸습니다. 하나님은 공의의 하나님이시므로 죄를 지은 자는 반드시 벌을 받아야만 했습니다. 그 죄 값이 바로 죽음입니다. 우리 모든 인생은 다 죄 때문에 죽을 수밖에 없습니다. 죽어서 영원한 지옥의 형벌을 받아야만 했습니다.

그러나 우리 하나님은 사랑의 하나님으로 우리를 죄에서 구원하시고 죽음에서 영원한 생명을 주시기로 작정하셨습니다. 그래서 무죄하신 하나님은 스스로 죄인인 인간의 죄 값을 대신 치르기로 작정하셨습니다. 그는 인간의 몸을 입고 이 세상에 오셨습니다. 그분이 바로 예수 그리스도이십니다. 하나님이신 예수님은 우리를 위하여 십자가에서 대신 죽어 주셨습니다. 그때 마지막 순간에 '테텔레스타이'(τετελεσται) 하고 외치셨습니다. 이 말은 헬라말로 '값을 다 치렀다', '지불하였다'는 뜻입니다.

예수님은 우리 인간의 죄 값을 다 지불하시고 자신의 목숨을 내놓으셨습니다. 그리고 사흘만에 무덤에서 죽음의 권세를 이기시고 다시 살아나셨습니다. 그리고 하늘로 승천하셨습니다. 예수님은 지금도 살아 계셔서 우주의 역사를 통치하시고 우리의 삶을 인도하십니다. 우리는 이 예수 그리스도를 통해서만이 하나님 나라에 들어갈 수 있습니다. 돈으로는 할 수 없습니다. 오직 하나님을 믿음으로만 됩니다.

성경은 말씀합니다. "하나님이 세상을 이처럼 사랑하사 독생자를 주셨으니 이는 저를 믿는 자마다 멸망치 않고 영생을 얻게 하려 하심이니라"(요한복음 3:16), "내가 진실로 진실로 너희에게 이르노니 내 말을 듣고 또 나 보내신 이를 믿는 자는 영생을 얻었고 심판에 이르지 아니하나니 사망에서 생명으로 옮겼느니라"(요한복음 5:24).

예수님을 믿으면 영원한 생명을 얻습니다.

5. 누가 참 성공자입니까?

오늘 본문에 나오는 청년은 돈이 많은 부자였습니다. 그러나 그는 실패자였습니다. 돈이 많다고 해서 그 사람을 성공자라고 하지는 않습니다. 성공자는 하나님을 믿고 영생을 가진 자입니다.

아프리카의 성자 슈바이처는 가난했으나 부자였고 성공자입니다.

리빙스톤 역시 아프리카의 흑인을 위해 평생을 바쳤으나

그는 진정한 부자였습니다. 식인종을 변화시켜 양 같은 사람으로 만든 그가 힘들고 어려울 때마다 힘을 얻은 것은 살아 계신 하나님의 말씀이었습니다. 성경은 말씀합니다. "볼지어다 내가 세상 끝날까지 너희와 항상 함께 있으리라"(마태복음 28:20). 그는 진정한 성공자였습니다. 지금도 아프리카 곳곳에서는 그를 존경하며 그를 기념하는 일들을 계속하고 있습니다.

산업 혁명으로 타락한 영국 사회를 정직과 순결한 사회로 변화시킨 웨슬레는 돈이 없었습니다. 그러나 그는 진정한 부자였습니다. 그리고 그는 성공자였습니다.

정말 멋진 성공자 한 사람을 소개하고자 합니다. 그는 아버지도 어머니도 모른 채 태어나 남의 집에서 자란 불쌍한 흑인이었습니다. 고등학교에 진학하고자 하나 흑인은 갈 수가 없었습니다. 공부를 할 수 있는 곳을 찾아가 사정 사정을 해서 주경야독으로 고등학교와 대학을 끝마쳤습니다. 그는 공부를 계속하여 모교의 교수가 되었습니다. 그는 연구와 가르치는 일에만 전념하며 평생 동안 독신으로 살면서 농부를 위한 연구를 계속했습니다. 그는 땅콩으로 300가지의 발명품을 만들어 땅콩박사가 된 죠지 와싱톤 카버입니다.

그가 미 상원에서 초청하여 5분간 연설을 했습니다. 그의 주머니에 든 조그만 병들에서 땅콩으로 만든 화장품, 치약, 비누 등이 쏟아져 나왔습니다. 기자가 질문했습니다. 발명의 비결이 무엇입니까? 성경을 내보이며 "이 속에 있습니다. 나는 혼자서 연구하지 않습니다. 성경을 읽으면서 합니다. 이 속에 모든 비결이 다 있습니다." 그는 마지막 통장까지 다 학교를 위해 기증하고 하나님 나라에 갔습니다. 누가 진정한 부자입니까? 누가 진정한 성공자입니까?

진정한 성공자는 돈과 부가 아니라 돈을 만드시고 부를 창조하시며 사람을 창조하신 하나님을 믿는 사람입니다. 영생을 얻은 사람입니다.

우리는 어떻게 해야 합니까? 우리는 이 시간, 하나님이신 예수 그리스도를 믿음으로 모든 죄를 용서받읍시다. 그리고 영생을 얻어 참된 부자, 진정한 성공자의 삶을 살아갑시다. 아멘.

1998. 10. 24(청년부)

꿈을 가진 소년

요셉이 이끌려 애굽에 내려가매 바로의 신하 시위대장 애굽 사람 보디발이 그를 그리로 데려간 이스마엘 사람의 손에서 그를 사니라 여호와께서 요셉과 함께 하시므로 그가 형통한 자가 되어 그 주인 애굽 사람의 집에 있으니 그 주인이 여호와께서 그와 함께하심을 보며 또 여호와께서 그의 범사에 형통케 하심을 보았더라 요셉이 그 주인에게 은혜를 입어 섬기매 그가 요셉으로 가정 총무를 삼고 자기 소유를 다 그 손에 위임하니 그가 요셉에게 자기 집과 그 모든 소유물을 주관하게 한 때부터 여호와께서 요셉을 위하여 그 애굽 사람의 집에 복을 내리시므로 여호와의 복이 그의 집과 밭에 있는 모든 소유에 미친지라 주인이 그 소유를 다 요셉의 손에 위임하고 자기 식료 외에는 간섭하지 아니하였더라 요셉은 용모가 준수하고 아답하였더라

(창세기 39:1-6)

꿈을 가진 소년

사람과 동물의 차이점이 무엇입니까? 사람의 위대한 점은 무엇입니까? 그것은 바로 사람은 꿈을 가지고 산다는 것입니다. 사람들 중에 꿈을 가지고 사는 사람과 꿈이 없이 무작정 살아가는 사람과는 엄청난 차이가 있습니다. 꿈을 가진 사람은 그 꿈을 바라보고 힘들고 어려워도 인내할 줄 압니다. 그런데 이 꿈은 어린 시절 즉 청소년 시절에 가지는 것이 그 꿈을 이룰 수 있는 확률이 훨씬 더 높습니다. 물론 나이가 많은 사람도 꿈을 이룰 수 있겠으나 나이가 어리고 젊을 때 꿈을 가질수록 그 꿈을 이룰 수 있는 확률이 높다는 것입니다.

오늘 저는 어릴 때 꾸었던 꿈을 끝까지 지니고 마침내 이루고야 만 꿈을 가진 소년을 소개하고자 합니다. 이 소년은 어릴 때 꾸었던 꿈을 많은 시련을 겪고 난 후에 이루었습니다. 조그만 족장의 아들이었던 이 소년은 그 당시 세계 최대의 이집트의 총리가 되었습니다.

1. 꿈을 꾸는 소년

오늘 성경에 나오는 요셉은 어릴 때부터 꿈을 가지고 있었습니다. 그가 가진 꿈은 하나님이 주신 꿈입니다. 꿈의 내용은 밭에서 형제들이 모여서 곡식 단을 묶는데 요셉의 단은 일어서고 그 형제들의 단은 요셉의 단을 향하여 둘러서서 절을 하는 꿈이었습니다. 그 후 또 꿈을 꾸었는데 해와 달과 열한 별이 자기를 향하여 절을 했습니다. 이 꿈은 요셉이 민족을 위하여 위대한 인물이 되겠고 그 형제들도 요셉에게 절을 하는 꿈이었습니다. 이것은 하나님이 어린 요셉에게 미리 보여 주신 꿈이었습니다. 그는 이 꿈을 마음속에 간직하며 살았습니다. 그런데 그의 형제들은 요셉을 미워하고 시기하며 혼을 내려고 벼르고 있었습니다.

꿈을 가진 사람은 그 꿈이 이루어질 날을 바라보면서 살아가고, 꿈을 바로 알지 못하고 사는 사람은 그냥 하루 하루를 보내며 살아갑니다.

그런데 꿈이라고 다 좋은 것은 아닙니다. 무슨 꿈이냐가 중요합니다. 보통 사람들은 그저 자신의 유익을 위해 꿈을 가지고 있습니다. 즉 돈을 잘 벌어 잘 쓰고, 먹고 마시고 즐기며 사는 사람, 자기의 이름을 한번 떨쳐 보고 싶은 사람들입니다. 이런 사람들은 죽으면 무덤에 이런 비문이 쓰여질 것입니다. "나다, 먹다, 자다, 죽다." 우리는 이런 인생을 살아서는 안됩니다. 우리는 가치 있는 꿈을 꾸고 그 꿈을 이루면서 살아가야 합니다.

가치 있는 꿈은 무엇입니까? 바로 하나님을 위한 꿈이요 인류를 위한 꿈입니다. 요셉은 하나님을 위한 꿈을 꾸었습니다. 그리고 많은 사람들의 유익을 위한 사람이 될 것을 꿈꾸었습니다. 하나님은 우리 사람을 만드실 때 각각 다른 재능들을 주셨습니다. 정치, 기술, 예술, 운동, 교육, 의료, 사무 등 여러 분야에서 각각의 재능에 따라 일하며 살아갈 수 있습니다. 그런데 어떤 일을 하든지 하나님을 위한 꿈, 인류를 위한 꿈을 가지고 살아야 합니다.

우리가 잘 아는 홈런 왕 맥과이어는 엄청난 돈을 벌었습니다. 그런데 그는 어린 아이들을 위하여 백만 불을 내어놓았습니다. 그리고 자기의 어린 아들을 위하여 홈런을 친다고 했습니다.

자동차의 왕 헨리 포드는 어릴 때 가난했습니다. 어머니가 아파서 의사를 부르러 가야 했습니다. 그 당시에는 자동차가 없어서 말을 타고 가야만 했습니다. 마음은 급하고 바빴으나 말은 더 이상 빨리 가지 못했습니다. 의사를 모시고 왔으나 이미 어머니는 돌아가신 후였습니다. 그때 그는 "말보다 더 빠른 자동차를 만들어야 하겠다."는 결심을 했습니다. 그는 자동차를 만들 꿈을 꾸었습니다. 그것은 많은 사람들에게 유익을 주기 위한 꿈이었습니다. 마침내 그는 자동차를 만들었습니다.

우리는 꿈을 꾸되 하나님을 위하여, 그리고 인류의 유익을 위한 꿈을 가지고 살아야 합니다.

2. 꿈을 이루는 과정

꿈을 이루는 일은 쉽지 않습니다. 많은 어려움도 각오를 해야 합니다. 요셉은 형들에게 미움을 받았습니다. 미움을 받은 이유는 오직 꿈을 가졌다는 것이었습니다. 꿈을 가진 사람은 오해를 받기도 하고 미움을 받기도 합니다. 그러나 요셉은 끝까지 잘 참았습니다.

어느날 요셉의 아버지는 요셉에게 집을 떠나 멀리 나가서 양을 치는 형제들의 안부를 알아보고 오도록 했습니다. 요셉은 고생 고생하여 물어 물어 그 형들을 찾아갔습니다. 드디어 그는 형제들을 만나게 되었습니다. 그러나 그의 형제들은 요셉이 오는 것을 보고 '꿈을 꾸는 자가 온다. 우리가 그를 죽여 버리자.' 하며 모의를 했습니다. 결국은 죽이는 대신 우물 속에 가두어 두었다가 멀리 이집트에 노예로 팔아버리기로 결정하고 동생을 종으로 팔고 말았습니다. 그리고 짐승을 잡아 죽여서 피를 요셉의 옷에 묻히고 요셉이 짐승에게 물려 죽은 것 같다고 아버지에게는 거짓으로 보고했습니다. 이때 요셉의 아버지는 통곡하며 울었습니다.

이집트로 끌려간 요셉은 이집트 왕의 시위대장 집에 종으로 팔려갔습니다. 그러나 그는 열심히 일했습니다. 성경에 기록하기를 하나님이 요셉과 함께 하시매 요셉은 그 집에서 인정을 받게 되었고, 주인은 요셉에게 자기 집안의 모든 일을 다 맡겼다고 했습니다. 그리고 요셉으로 인해서 하나님은 그 집안을 축복해 주셨습니다.

그러나 행복은 잠깐, 요셉에게는 또 다른 시련이 닥쳐왔습니다. 어느날 주인의 아내가 아무도 없는 집안에 일을 보러 갔던 요셉을 유혹했습니다. 그때 요셉은 '내가 어찌 하나님 앞에서 이 큰 악을 행하여 죄를 짓겠습니까?' 하고 단호히 거절하며 도망쳐 나왔습니다. 죄를 지을 수 있는 자리에서 피해 나왔습니다. 그러자 이 여인은 요셉이 도망갈 때 버리고 간 그 옷을 증거로 요셉이 자기를 강간하려고 들어왔다가 자기가 소리를 치자 도망갔다고 요셉에게 모든 죄를 덮어 씌웠습니다. 이렇게 자기 남편에게 거짓으로 보고하자 남편은 심히 분노하여 요셉을 왕의 죄수들이 있는 감옥에 가두었습니다. 요셉은 이제 감옥에 갇힌 죄수가 되었습니다. 그의 꿈은 이제 다 사라지는 것 같았습니다. 그러나 요셉은 여기서 꿈을 포기하지 않습니다.

성경은 하나님이 요셉과 함께 하셨다고 말씀합니다. 감옥에 있는 간수장은 요셉을 사랑해 주었습니다. 그의 신실함을 보고 그에게 자유를 주었습니다. 요셉은 감옥에서 열심히 일했습니다.

마침내 그에게 기회가 찾아왔습니다. 임금의 술을 맡은 관리와 떡을 맡은 관리가 죄를 짓고 감옥 안에 들어왔습니다. 그러던 어느날 두 사람이 꿈을 꾸었습니다. 요셉은 고민하는 두 사람에게 꿈을 해몽해 주었습니다. 술 맡은 관원장이 꾼 꿈은 이렇습니다. 포도나무를 보았는데 세 가지가 있고 꽃이 피고 열매를 맺었는데 자기가 포도를 짜서 잔에 담아 왕에게 드렸다고 했습니다. 요셉이 해몽하기를 당신은 사흘 안에 다시 복권되어 왕에게 다시 잔을 드리게 될 것이라 했습니다.

옆에 있던 떡 맡은 관원장도 자기가 꾼 꿈을 말했습니다. 흰 떡 세 광주리가 내 머리에 있는데 새들이 그것을 먹어버렸다는 것입니다. 요셉의 해몽은 사흘 안에 당신의 목이 끊어지고 새들이 당신의 고기를 먹을 것이라고 했습니다. 이 꿈이 그대로 이루어졌습니다.

그리고 세월이 흘렀습니다. 임금이 꿈을 꾸었습니다. 나일강 가에 아름답고 살찐 암소가 갈대밭에서 뜯어먹고 있는데 흉악하고 파리한 다른 일곱 암소가 나타나서 살찐 암소들을 잡아먹어 버렸습니다. 다시 왕이 꿈을 꾸었는데 한 줄기에서 무성하고 충실한 일곱 이삭이 나오는데 또 다른 세약하고 동풍에 마른 일곱 이삭이 나와서 무성하고 충실한 이삭을 잡아먹어버렸습니다.

아무도 이 임금의 꿈을 해몽하지 못했습니다. 이집트의 박사와 술객들도 못했습니다. 이때 이전에 요셉에게서 꿈 해몽을 받았던 술 맡은 관리가 임금에게 요셉을 추천했습니다. 드디어 요셉이 임금 앞에 나아가게 되었습니다. 왕의 꿈을 들은 요셉은 '내가 하는 것이 아니라 하나님께서 임금에게 대답해 주실 것입니다.' 하고 임금의 꿈을 해몽했습니다. '일곱 암소들과 일곱 이삭들은 다 7년을 말합니다. 그리고 살찐 일곱 암소와 충실한 이삭은 풍년을, 그리고 파리하고 마른 암소와 세약하고 마른 이삭은 흉년을 뜻합니다. 왕이 두 번 꿈을 꾼 것

꿈을 가진 소년

은 이 일이 속히 이루어 질 것이기 때문입니다. 그러므로 7년 풍년이 올 때 흉년을 대비하여 창고를 짓고 곡식을 저축하여 흉년을 대비해야 할 것입니다.' 임금과 신하들은 모두 만족하게 여겼습니다. 그 자리에서 임금은 요셉에게 자기의 인장 반지를 빼어서 요셉의 손에 끼워 주면서 이집트의 총리로 세웠습니다.

3. 꿈의 성취

드디어 요셉의 꿈이 이루어졌습니다. 드디어 하나님이 주신 꿈이 이루어진 것입니다. 7년 풍년이 끝나고 7년 흉년이 시작되자 인근 여러 나라에서 곡식을 구할 사람들이 이집트로 몰려왔습니다. 요셉의 형들도 찾아와서 요셉에게 절을 하며 엎드렸습니다. 드디어 어릴 때 형들의 곡식단이 자기를 향하여 절하던 그 꿈이 이루어 진 것입니다. 만 백성들이 그에게 엎드려 절을 합니다. 요셉은 형제들을 다 용서해 주고 자기 아버지와 가족들을 모두 데려와 편히 살게 해 주었습니다.

우리는 여기에서 요셉의 꿈이 이루어지게 된 원인을 살펴보아야 합니다. 먼저 요셉은 꿈을 가졌습니다. 그런데 그 꿈이 무엇입니까? 자기 자신을 위한 것이 아니라 하나님을 위한 것입니다. 그리고 그 꿈은 모든 인류를 위한 것입니다.

요셉은 어려움이 와도 그 꿈을 포기하지 않았습니다. 이것은 꿈을 가진 사람은 쉽게 포기하지 않아야 함을 가르쳐 줍니다. 꿈을 이룬다는 것은 쉬운 일이 아닙니다. 그러므로 열심히 일하고 노력해야 합니다. 그리고 포기하거나 넘어져서는 안됩니다. 그리고 가장 중요한 것은 하나님이 함께 하셨다는 것입니다. 요셉은 종으로 팔려갔습니다. 감옥에까지 들어갔습니다. 그러나 그는 하나님을 의지했습니다. 하나님을 믿었습니다. 하나님은 그와 함께 하셨고 그에게 지혜를 주셨고 좋은 사람들을 만나게 하셨습니다. 그리고 그 후 하나님께서 계획하신 시간에 왕을 만나게 해 주셨습니다. 결국 요셉의 꿈의 성취는 하나님께서 해 주신 것입니다.

여기에 성공의 비결이 있습니다. 우리 힘으로 되지 않는 것은 너무도 많습니다. 그러나 하나님께서 함께 하시면 불가능이 없습니다. 우리 모두 꿈을 가집시다. 그리고 그 꿈을 하나님께서 이루어 주실 줄을 믿어야 합니다.

미국의 대통령이 된 링컨은 노예 제도를 없애려는 꿈을 꾸었습니다. 그는 많은 시련과 실패를 했으나 결코 그 꿈을 포기하지 않았습니다. 드디어 하나님은 그에게 대통령의 자리를 허락하셨고 그는 노예제도를 없애고 해방을 선포했습니다. 그의 꿈은 하나님의 도우심으로 이루어졌습니다. 미국에서 가장 존경을 받는 인물 그는 바로 에이브라함 링컨입니다.

세계에서 제일 큰 호텔의 체인은 힐튼입니다. 미국의 호텔왕 힐튼은 가난한 행상인의 아들로 태어났습니다. 그는 부모를 따라 유랑 생활을 하면서 꿈을 꾸었습니다. 사람들이 편하게 잠을 자고 쉴 수 있는 호텔을 만들기로 작정했습니다. 어린 시절 텍사스주의 자기 집에서 작은 벽돌집을 개조하여 출발한 것이 바로 힐튼호텔입니다. 지금은 전 세계에 제일 많은 호텔을 가진 힐튼호텔이 된 것입니다. 힐튼은 남에게 유익을 주는 꿈을 꾸었습니다.

마더 테레사는 가장 존경을 많이 받았던 인물입니다. 그녀도 꿈을 가졌습니다. 그녀는 젊은 시절에 하나님으로부터 부르심을 받았습니다. "테레사야! 너는 캘커타에 가라. 수많은 거지와 수많은 문둥병자들이 길거리에서 태어나 길거리에서 살다가 길거리에서 죽어간다. 너는 그들에게 가서 살았을 때는 잠자리를 주고 죽었을 때는 무덤을 주어라." 테레사는 하나님이 자신에게 주신 꿈을 가슴에 간직하고 떠나게 됩니다. 그때 그녀는 이렇게 기도했습니다. "주여! 나는 오늘 밤 어디에서 잠을 자게 될지도 모르고 떠나나이다. 나는 내일 아침 어디에서 먹을지도 모른 채 떠나나이다. 나는 이 한 벌의 옷이 해어지면 무슨 옷을 입어야 할지도 모르나이다. 그러나 주께서 떠나라고 하시니 주께서 내 일생을 책임져 주옵소서!" 하고 떠났습니다. 30년이 지나자 돈 한푼 없이 갔던 그곳에 100여 개의 고아원을 세우고, 전 세계에서 수많은 사람들이 자원 봉사자로 도와줍니다. 그는 노벨 평화상까지 받았으나 그 평화상도 다 가난한 사람들을 위하여 바쳤습니다. 그녀의 꿈은 이루어졌습니다. 그녀는 성공적인 삶을 살았습니다.

요셉의 꿈은 하나님께서 도와주시므로 이루어졌습니다. 우리도 하나님께서 도와주시면 반드시 우리의 꿈을 이룰 수 있고 성공적인 삶을 살 수 있습니다.

우리 인생은 짧습니다. 그리고 어렵습니다. 우리의 힘으로는 할 수 없는 일들이 너무도 많습니다. 그러나 하나님께서 함께 하시고 도와 주시면 우리는 할 수 있습니다. 우리 모두 하나님을 믿고 우리의 인생을 성공적으로 보내는 사람이 됩시다. 아멘.

1998. 10. 25(중·고등부)

바디매오의 구원

저희가 여리고에 이르렀더니 예수께서 제자들과 허다한 무리와 함께 여리고에 나가실 때에 디매오의 아들인 소경 거지 바디매오가 길가에 앉았다가 나사렛 예수시란 말을 듣고 소리질러 가로되 다윗의 자손 예수여 나를 불쌍히 여기소서 하거늘 많은 사람이 꾸짖어 잠잠하라 하되 그가 더욱 소리질러 가로되 다윗의 자손이여 나를 불쌍히 여기소서 하는지라 예수께서 머물러 서서 저를 부르라 하시니 저희가 그 소경을 부르며 이르되 안심하고 일어나라 너를 부르신다 하매 소경이 겉옷을 내어버리고 뛰어 일어나 예수께 나아오거늘 예수께서 일러 가라사대 네게 무엇을 하여 주기를 원하느냐 소경이 가로되 선생님이여 보기를 원하나이다 예수께서 이르시되 가라 네 믿음이 너를 구원하였느니라 하시니 저가 곧 보게 되어 예수를 길에서 좇으니라

(마가복음 10:46-52)

바디매오의 구원

소경 한 사람이 있었습니다. 이 소경은 날마다 길가에 앉아서 지나가는 사람들에게 구걸하였습니다. 앞을 보지도 못하는 소경인데다 남에게 얻어먹고 사는 불쌍한 처지였습니다. 그에게는 소망이 없었습니다. 기껏해야 돈이나 한푼 더 얻는 것으로 만족해야 했습니다.

그런데 그에게 놀라운 기회가 왔습니다. 그것은 그가 예수님을 만남으로 그의 인생이 완전히 바뀌는 역사를 체험하게 된 것입니다. 그는 눈도 뜨고 구원도 얻었습니다. 바디매오는 예수님을 만나 구원을 얻었습니다. 예수님을 만난 이후의 바디매오는 옛날의 바디매오가 아니었습니다. 그의 삶은 예수님을 만남으로 완전히 새로와졌습니다.

1. 바디매오와 같은 인생입니다.

오늘날에도 바디매오와 같은 인생들이 있습니다. 세상에는 소경도 있고 거지도 있습니다. 그러나 눈이 멀다고 다 불행한 것은 아닙니다. 거지라고 다 불쌍한 것도 아닙니다. 가장 불행하고 불쌍한 사람은 눈을 뜨고도 보지 못하는 사람이요, 돈을 가지고도 거지처럼 사는 사람입니다. 소경은 아무 것도 보지 못합니다. 지팡이를 짚거나 안내를 받아야 걸어갈 수 있습니다.

그리고 이 시대에는 눈을 뜨고는 있으나 영적인 눈이 어두워서 영의 세계를 보지 못하는 사람 역시 소경입니다. 이들에게는 만족이 없습니다. 매일 매일 다람쥐 쳇바퀴 돌아가듯이 하루 하루를 살아가고 있습니다. 먹고 마시고 자고 즐기는 것만으로 시간을 보낸다면 이런 삶은 무의미한 인생입니다. 좀 심한 말로는 먹고 마시고 잠만 잔다면 동물과 무엇이 다르겠습니까?

우리 인생은 만물의 영장이라고 합니다. 그것은 창조주 하나님께서 사람을 만드실 때 동물들과는 완전히 다르게 하나님의 형상대로 지으셨습니다. 우리 인간은 동물들에게는 없는 영혼이 있습니다. 하나님께서 우리 사람을 만드실 때 흙으로 육체를 만드시고 그 코에 생기를 불어넣어서 사람을 생령으로 만드셨습니다. 즉 영혼을 불어넣어 주셨습니다. 그래서 사람은 동물에게는 없는 영혼을 가진 존재가 된 것입니다. 이것이 인간이 가진 가장 아름답고 가장 고상한 가치입니다.

하나님은 우리 인간에게 지식을 주셨습니다. 감정을 주셨습니다. 그리고 의지를 주셨습니다. 이것이 바로 인격입니다. 사람은 인격적인 존재로 지음을 받았습니다. 그러므로 인간이 아무리 육적으로 잘 먹고 잘 입으며 살아도 영혼에 만족이 없다면 그 사람은 참된 기쁨을 모르고 살아가는 불행한 인생이 됩니다. 두 눈을 가지고 세상을 바라보고 살아도 두 발로 당당하게 세상을 활개치며 걸어다녀도 영혼이 어두워지면 영의 세계는 볼 수 없습니다. 창조주 하나님을 보지 못합니다. 하나님의 음성을 듣지 못합니다. 그렇게 되면 우리 인생은 눈 뜬 소경으로 참된 만족을 누리지 못하게 됩니다.

2. 방황하는 인생입니다.

그래서 많은 인생들은 참된 기쁨을 찾아서 헤맵니다. 철학을 연구하는 사람도 있습니다. 도를 닦는 사람도 있습니다. 인생을 먹고 마시고 여행하며 즐기는 사람들도 있습니다. 착한 일을 많이 하자 해서 선행을 하려는 사람들도 있습니다. 그러나 그들 중 누구도 해답을 얻지는 못했습니다. 그들은 진리를 잘못 찾고 있기 때문입니다. 방향을 잘못 정했습니다. 지구상에는 지금도 헛된 고생을 하며 방황하는 자들이 너무도 많습니다.

그런데 소경 바디매오에게 기회가 왔습니다. 나사렛 예수님이 지나가신다는 소식을 들었습니다. 그는 소리를 질렀습니다. "다윗의 자손 예수여 나를 불쌍히 여기소서." 그는 예수님이 병자를 고치시고 죽은 자도 살리신다는 사실을 들었습니다. 그리고 예수님은 이스라엘을 구원하러 오신 하나님의 아들 즉 메시야 구원자이심을 들었습니다. 그런데 그분이 자기 앞을 지나간다는 소리를 듣고 그는 소리를 질렀습니다. 옆에 있던 많은 사람들이 "잠잠하라."고 그를 꾸짖었습니다. 그러나 바디매오는 "다윗의 자손 예수여 나를 불쌍히 여기소서." 하며 더욱 더 소리를 질렀습니다.

이것은 바디매오의 믿음을 보여줍니다. 바디매오는 예수님만이 자기를 고쳐주실 분으로 믿었습니다. 예수님만이 자기의 문제를 해결해 주실 분임을 믿고 결코 이 기회를 놓쳐서는 안된다고 결심했습니다. 옆에서 방해하고 자기를 꾸짖어도 더욱 더 소리를 높여서 예수님을 불렀습니다. 바디매오는 적극적이었습니다. 쉽게 물러서지 않았습니다.

그가 "다윗의 자손 예수여." 하고 부른 것은 예수님을 메시야로 고백한 것입니다. 다윗은 이스라엘의 가장 위대한 임금입니다. 이스라엘을 구원하실 메시야 즉 구원자는 다윗의 자손으로 오실 것을 구약성경에 예언하고 있습니다. 바디매오는 이 사실을 믿었습니다. 다윗왕의 후손으로 오신 위대한 왕이요 메시야이신 예수님이라면 자기 자신의 눈도 고쳐주실 것을 믿었습니다.

3. 예수님께서 그를 만나 주셨습니다.

예수님은 이 바디매오의 외치는 소리를 들으시고 걸음을 멈추셨습니다. 그리고 예수님은 저를 부르라고 하셨습니다. 제자들이 바디매오를 향해 '안심하고 일어나라. 너를 부르신다.'고 말했습니다. 영어 성경에는 "Cheer up! On your feet! He's calling you." 즉 "힘을 내라! 네 발에 힘을 주라! 그가 너를 부르시고 있다."고 번역되었습니다.

이 소리를 듣자 바디매오는 겉옷을 버리고 일어나 예수님께로 뛰어 나아왔습니다. 그는 겉옷을 버렸습니다. 겉옷은 거지에게 있어서는 제일 소중한 재산입니다. 겉옷은 온 몸을 감싸고 밤에는 이불 대용으로도 사용하는 것입니다. 그런데 그 겉옷을 버렸습니다. 그 자리에서 벌떡 일어났습니다. 지체 없이 예수님 앞으로 나아왔습니다. 예수님은 바디매오에게 물으셨습니다. "네게 무엇을 하여 주기를 원하느냐?" 그는 대답했습니다. "주여, 보기를 원하나이다."

이것은 가장 핵심적인 질문과 대답입니다. 가장 근본적인 문제를 말하고 있습니다. 예수님은 이 소경이 가장 필요로 하는 것이 무엇인지를 알았습니다. 그리고 이 소경은 예수님 앞에 자신의 가장 근본적인 문제를 바로 아뢰었습니다.

예수님은 바디매오에게 말씀하셨습니다. 이것은 "네 믿음이 너를 구원하였느니라." 즉 "네 믿음이 너의 병을 고쳤다."는 말씀입니다. 그 말씀을 하시자 즉시 바디매오는 시력을 회복하였습니다. 그의 평생 소원을 이루고 예수님을 따라나섰습니다.

바디매오는 구원을 얻었습니다. 육신의 눈도 떴습니다. 그보다 더 중요한 것은 예수님을 만나서 구원을 얻었다는 것입니다. 예수님은 불쌍한 소경 바디매오의 소원을 들어주셨습니다. 그가 구원을 받은 것은 예수님을 만났다는데 있습니다. 만약 그가 예수님을 만나지 못했다면 그는 평생 그 자리에 앉아서 구걸만 하고 살았을 것입니다. 그러나 바디매오는 예수님이 자기 앞을 지나가신다는 소리를 듣고 그는 예수님을 찾았습니다. 그리고 부르짖었습니다. "다윗의 자손 예수여 나를 불쌍히 여기소서." 그는 예수님만이 자신의 문제를 해결해 주실 줄 믿고 소리 지르며 예수님을 찾았습니다. 이것이 그의 믿음입니다.

바디매오의 구원은 그가 예수님을 믿으므로 이루어졌습니다. 예수님은 지금도 우리의 병을 고치시며, 지금도 우리의 죄를 용서해 주시고, 지금도 우리를 위해 모든 문제를 해결해 주십니다.

4. 우리도 예수님을 만나야 합니다.

왜 우리가 예수님을 만나야 합니까? 예수님은 우리를 창조하신 하나님이십니다. 우리의 모든 문제의 해결자이십니다. 예수님은 바디매오의 눈을 뜨게 하셨습니다. 가장 필요한 문제를 해결하셨습니다. 예수님은 영적인 문제를 해결해 주십니다. 예수님은 우리를 구원하러 이 땅에 오신 하나님이십니다.

왜 이 땅에 질병과 죄악이 가득찼습니까? 그것은 우리의 죄 때문입니다. 창조주 하나님의 명령을 어기고 우리 인류의 조상이 지은 죄와 우리가 매일 같이 짓는 죄 때문에 이 세상은 악이 가득하고 점점 더 타락하고 부패해 가는 것입니다.

우리 하나님은 죄를 지은 인간은 반드시 벌을 받게 하시는 공의의 하나님이십니다. 죄인은 반드시 죽어야 하고 지옥의 심판을 받아야만 합니다. 그래서 우리 인류는 아무도 죽음을 피할 수가 없습니다. 우리 모든 인간은 다 죄인입니다. 의인은 하나도 없습니다. 모두가 다 죽어야 하고 지옥의 심판을 면할 수가 없습니다.

그러나 우리 하나님은 사랑의 하나님이십니다. 우리 모두를 영원한 죽음인 지옥으로 보내길 원하지 않으십니다. 그래서 죄 없으신 하나님 자신이 우리의 죄를 대신하여 죄 값을 치르기 위해서 이 세상에 인간으로 오셨습니다. 그분이 바로 예수 그리스도이십니다. 하나님이신 예수님은 우리의 모든 죄를 대신 지시고 십자가에서 죽으셨습니다. 그리고 사흘만에 다시 살아나셨습니다. 그것은 예수님을 찾고 믿는 자는 모든 죄를 용서받고 다시 새생명을 얻어 부활할 것을 보여주는 것입니다. 그러므로 우리가 할 일은 예수님을 믿고 영접하는 일입니다.

예수님은 우리의 모든 문제를 해결해 주시는 분입니다. 우리의 마음속 깊은 곳에 있는 죄악의 문제도 예수님께 고백하면 용서해 주십니다. 더 이상 죄로 인해 고민할 필요가 없습니다. 예수님은 우리의 모든 문제를 다 해결해 주십니다.

이제 우리는 예수님을 찾아야 합니다. 예수님을 불러야 합니다. 바디매오처럼 믿음의 결단이 있어야 합니다.

남편을 다섯이나 얻었던 죄 많은 사마리아 수가성의 여인도 예수님을 만나서 죄 용서함을 받고, 그의 마음속의 모든 수치와 고민과 갈등을 깨끗이 해결하고 영원한 생명을 얻었습니다.

간음 중 현장에서 잡혀 끌려온 여인도 예수님 앞에 나아왔을 때 다른 사람들은 돌을 들어 치자고 했습니다. 그러나 예수님은 "너희 중에 죄 없는 자가 먼저 돌로 치라. 나도 너를 정죄하지 아니하노니 가서 다시는 죄를 범치 말라."고 하셨습니다. 예수님은 그 여인의 죄를 용서해 주셨습니다.

어느 목사님에게 아들이 있었습니다. 이 아들은 아버지가 고생하는 것이 싫었습니다. 그리고 자기 마음대로 살고 싶었습니다. 그래서 그는 항상 반항하며 살았습니다. 서울로 올라와 대학 공부를 하면서 이제 자유를 얻어 자기가 하고 싶은 대로 하면서 살았습니다. 방탕한 생활을 하면서 여자 친구도 만나고 자기 뜻대로 결혼도 했습니다. 이제 미국으로 유학을 가려고 모든 준비도 끝냈습니다. 그는 하나님을 믿지 않고 자기 마음대로 해도 모든 것이 잘 되어 간다고 생각했습니다. 유학을 떠나기 전에 갑자기 눈에 이상이 왔습니다. 그래서 병원에 가보니 다시는 볼 수 없다는 실명 선고를 받았습니다. 용하다는 의사는 다 찾아보았고 모든 노력을 다 해보았으나 그의 눈은 시력을 잃어버리고 말았습니다. 소경이 된 것입니다. 절망이었습니다. 결국 아내는 딸을 데리고 친정으로 가버렸습니다. 그는 혼자서 너무도 절망적인 순간을 맞이하면서 자살을 결심했습니다. 더듬거리며 천장에 줄을 매어 목을 매달았으나 줄이 끊어져 버렸습니다. 이제 마지막으로 동맥을 막 끊으려는 순간 "구약 성경 320페이지를 찾아보아라."는 음성을 들었습니다. 그는 너무도 놀랐습니다. 글을 읽을 수 없는 소경이므로 지나가던 학생을 불러서 성경을 읽게 했습니다. 바로 여호수아 1장의 말씀이었습니다. "내가 너를 떠나지 아니하며 내가 너를 버리지 아니하리니"라는 말씀이었습니다. 자신은 하나님을 떠났고 하나님을 버렸는데 하나님은 여전히 그를 버리지도 아니하시고 떠나지도 아니하신다는 생각을 하는 순간 그는 하나님 앞에 엎드려졌습니다. 그는 하나님을 찾았습니다. 비로소 긴 방황 끝에 예수님 앞에 나아온 것입니다. 그는 하나님이 자기와 함께 하심을 믿고 더듬거리며 서울역으로 갔습니다. 거기서 신문팔이, 껌팔이, 구두닦이 아이들과 함께 지내면서 낮은데서 생활하는 사람들의 삶을 체험했습니다. 그리고 점자를 배우기 시작했습니다. 미국의 헬렌 켈러 재단의 도움을 받아 신학 공부를 하게 되고, 목사가 되어 자기처럼 눈먼 소경들을 위해서 열심히 일하는 사람이 되었습니다. 그분이 바로 '낮은 데로 임하소서'의 주인공 안요한 목사입니다.

우리는 이 시간, 예수님을 만나고 영접합시다. 예수님은 우리의 모든 것을 해결해 주십니다. 우리의 모든 죄를 용서해 주십니다. 우리의 고민과 걱정도 그분께 맡기면 다 해결해 주십니다. 예수님만이 우리의 삶을 변화시켜 주시고 책임져 주십니다. 예수님을 여러분의 마음 속에 영접하시어 새생명을 얻고 새로운 축복된 삶을 누리시기를 바랍니다. 아멘.

1998. 10. 25(장년부)

하나님은 당신을 사랑하십니다

하나님이 세상을 이처럼 사랑하사 독생자(獨生子)를 주셨으니 이는 저를 믿는 자마다 멸망치 않고 영생을 얻게 하려 하심이니라

(요한복음 3:16)

친일파는 살아 있다

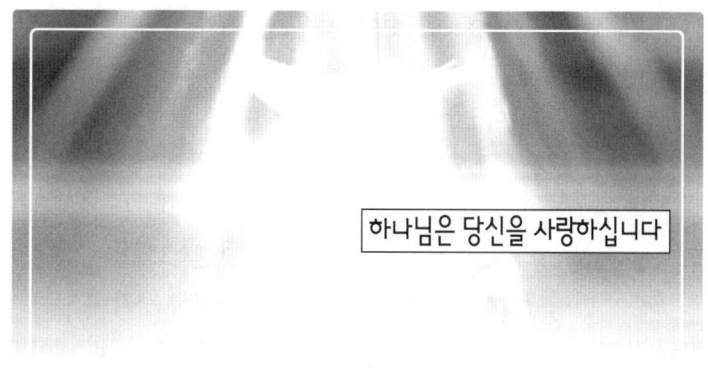

하나님은 당신을 사랑하십니다

가난한 한 소년이 있었습니다. 그는 학교 다닐 때 웅변대회에 출전하고 싶었으나 선생님은 늘 부잣집 아이에게 기회를 주었습니다. 그래서 혼자 뒷동산 솔밭에 가서 웅변연습을 했습니다. 초등학교를 졸업할 때 전 과목의 성적이 수(秀)를 기록했지만 우등상은 엉뚱한 아이에게 돌아갔습니다. 중학교 입학시험을 쳤을 때 우등상을 받은 아이는 떨어지고 이 소년은 합격했습니다. 수원농림중학교에서도 웅변대회 때면 선생님이 한 아이를 지목해서 그 아이만 집중적으로 연습시켜서 내보냈습니다. 그래서 결국 한국에서 학교에 다니는 동안 웅변대회에 한 번도 나갈 수 없었습니다. 고등학교 1학년 때 한국전쟁이 발발하면서 학교는 휴교를 했고, 하우스보이가 되어 미군부대를 따라다녔습니다. 거기서 기적처럼 칼 파워스라는 병사를 만났습니다. 그 미군 병사가 이 소년을 미국으로 데려가 대학원까지 8년 동안 공부시켰습니다. 사우스 캐롤라이나주에 있는 밥 존스 중학교 3학년에 편입하였을 때 영어라고는 간단한 명령어 몇 마디 밖에 할 줄 몰랐습니다. 그랬으니 그의 학교생활이 어떠했을지 짐작이 가는 일입니다. 고국 생각에 날마다 울면서 지내고 있을 때 기숙사에서 함께 지내던 제리 메이저라는 대학생이 "네가 예수님께 도움을 요청하면 너의 인생을 책임지실 거야." 하며 그에게 예수님을 전해주었습니다. 이 소년은 미국에서 예수님을 믿게 되었습니다. 예수님을 믿고 난 후 그의 생활은 조금씩 안정이 되었습니다. 그러나 영어를 익히는 일은 쉽지 않았고 영어를 잘하지 못하니 매사에 자신이 없었습니다. 첫 학기 때 유급 대상이었지만 선생님들은 열심히 하려는 그의 열의를 가상히 여겨 진급을 시켜주었습니다. 선생님들은 가능성이 있다고 판단하셨는지 방과 후에 따로 영어를 가르쳐 주었습니다. 그러던 중 밥 존스 고등학교 2학년 때에 학교에서 웅변대회가 열렸습니다. 누구를 지목하는 것이 아니라 학생 모두에게 웅변원고를 제출하게 하여 그 가운데서 우수한 내용을 가려냈습니다. 이 소년은 미국에서 느낀 민주주의에 관해서 원고를 썼는데 그 원고가 채택되었고, 유니스 리스라는 여선생님의 지도로 꿈에 그리던 웅변연습을 하게 되었습니다. 선생님은 그의 발음을 고쳐 주기 위해 많은 노력을 기울였고, 그는 입에 구슬을 물고 연습에 몰두했습니다. 연습할 때마다 선생님은 늘 이렇게 격려해 주었습니다. "열심히 노력하면 너는 반드시 할 수 있어." 그는 선생님의 격려에 힘입어 입에서 피가 날 정도로 연습했고, 그 결과 전국대회에서 1등을 하여 아이젠하워 대통령상을 받았습니다. 학교로 돌아왔을 때 에드워드 학장은 채플시간에 이렇게 말했습니다. "이 작은 소년이 맨 처음 내 사무실에 왔을 때 단 한 마디의 영어도 말할 수 없었습니다. 그러나 이제 윌리엄스버그에서 열린 전국 고등학생 웅변대회의 우승자로서 밥 존스 고등학교의 명예를 드높였습니다." 하나님은 이 소년을 사랑하셨습니다.

하나님은 이 불쌍한 소년의 인생을 완전히 책임져 주셨습니다. 그는 지금 전 세계를 상대로 하나님의 사랑을 전하는 훌륭한 일꾼이 되었습니다. 그가 바로 극동방송 이사장이요 침례교 세계연맹 총회장인 김장환 목사입니다(수원중앙침례교회 목사).

한 소녀가 있었습니다. 중학교 2학년 때 철야기도 중에 주님의 음성을 들었다고 합니다. 소녀의 귀에서는 수많은 여인들의 신음과 탄식소리, 고통을 견디지 못하고 울부짖는 소리가 끊이질 않았습니다. 그때 하나님의 음성이 들렸습니다. "너는 저들의 울부짖음이 들리느냐, 너는 저희를 위하여 살라."는 주님의 음성을 깨닫게 되었습니다. 이런 주님의 음성을 듣고 난 후부터 이 소녀는 매일 기도시간마다 기도했습니다. "주여 내가 무엇을 어떻게 하여야 한국의 여성을 위하여 살 수 있겠습니까?" 하고 물었습니다. 하나님은 이 소녀를 사랑하셨습니다. 그래서 미국 선교사를 만나게 되었고, 미국 유학의 길을 떠나 한국 최초의 여성박사가 되어 귀국했습니다. 그리고 이화여자대학교의 총장이 되어 많은 한국의 여성 지도자를 양성했습니다.

하나님은 세상을 사랑하십니다. 특별히 하나님은 청소년을 사랑하십니다. 그리고 꿈과 비전을 주십니다. 하나님은 왜 청소년을 사랑하십니까? 그것은 청소년 시절에 하나님을 만난 사람들은 평생 하나님을 위하여 일할 수 있고, 인류와 이웃을 위해 훌륭한 삶을 살아 갈 수 있기 때문입니다.

그런데 하나님께서 특별히 사랑하시고 귀하게 사용하신 사람들은 공통적인 특징이 있습니다. 하나님께서 사랑하시고 축복하신 사람들은 깨끗한 삶을 살았습니다. 즉 세상의 죄를 멀리했습니다.

우리는 항상 죄를 지을 수밖에 없는 연약한 사람들입니다. 죄를 짓지 않고 사는 사람은 아무도 없습니다. 그러나 이 죄를 가지고는 하나님 앞에 설 수 없습니다. 그래서 하나님은 우리에게 죄를 없애고 깨끗하게 살아가는 방법을 보여주십니다.

바로 오늘의 성경말씀입니다. "하나님이 세상을 이처럼 사랑하사 독생자를 주셨으니 이는 저를 믿는 자마다 멸망치 않고 영생을 얻게 하려 하심이니라"(요한복음 3:16).

하나님은 우리 인생들을 사랑하셨습니다. 죄를 지은 인생은 모두 하나님의 심판으로 죽어야 하고 지옥의 심판을 받아야 했습니다. 그래서 하나님은 우리 인류를 구원하기 위해 하나님 자신이 사람의 몸을 입고 이 세상에 오셨습니다. 그분이 바로 예수 그리스도이십니다. 우리의 모든 죄를 대신하여 갈보리산에서 십자가를 지시고 죽어주셨습니다. 그리고 사흘만에 다시 살아나셨습니다. 그리고 하늘 나라로 올라가셨습니다. 그리고 누구든지 예수님을 믿는 자 즉, 하나님을 믿는 자에게는 그의 모든 죄를 용서하셨습니다. 어떤 죄인이라도 무슨 죄를 지었더라도 하나님을 믿는 자에게는 그 모든 죄를 용서해 주셨습니다.

성경은 말씀합니다. "만일 우리가 우리 죄를 자백하면 저는 미쁘시고 의로우사 우리 죄를 사하시며 모든 불의에서 우리를 깨끗게 하실 것이요"(요한일서 1:9).

하나님을 믿는 자를 깨끗하게 해주셨습니다. 그리고 사랑하십니다. 그리고 사용하십니다.

어느 장로님이 딸을 다섯이나 낳고 여섯 번째 외아들을 낳았습니다. 이 가정에 큰 경사가 되었습니다. 이 외아들은 귀엽게 자랐습니다. 그러나 그는 부모와 누나들의 사랑 속에 버릇없이 빗나간 생활을 했습니다. 온 마을의 골칫거리 아들이 되고 말았습니다. 이 외아들은 마을에서 못된 일을 서슴어 온갖 손해를 입히고, 아버지 장로님을 욕되게 할 뿐 아니라 교회까지도 욕을 먹게 했습니다. 손해를 입히면 부모는 그 사람들에게 가서 용서를 빌고 손해 배상을 해주고 갖은 욕설과 창피와 모욕을 당했습니다. 그러나 그들은 어찌할 대책이 없어 매일같이 눈물로 세월을 보내며 하나님께 금식하며 기도했습니다. 어느날 이 아들이 술을 먹고 인사불성 상태로 집에 들어왔습니다. 그때에도 부모는 방에 엎드려 눈물로 뺨을 적시며 기도했고 두 눈은 통통 부어 있었습니다. 이때 아들은 "무엇을 하느냐?"고 발길로 차며 행패를 부렸습니다. 그러나 눈이 시뻘겋게 부어 있는 부모의 모습을 보자 목석같던 아들이 숙연해지며 말을 못하고 주저앉았습니다. 날이 새자 술에서 깨어난 아들은 부모 앞에 가서 다시는 이런 짓을 하지 않겠다며 용서를 빌었습니다. 이때 부모들은 "오냐, 그래야지." 하며 하나님께 감사 기도를 드리고 목사님을 청하여 가정 예배를 드렸습니다. 이때 이 아들은 마루에 나와 대들보에 무수한 못이 박혀 있는 것을 보고 저 못이 왜 저렇게 많이 박혔느냐고 물었습니다. "그 못은 네가 못된 짓을 할 때마다 하나씩 박은 것이란다." "그러면 어떻게 하지요?" 하며 다시 눈을 감고 눈물을 흘린 아들은 "아버지, 내가 좋은 일을 하고 나서 저 못을 하나씩 뽑으면 되겠네요." 하고 말했습니다. 그 후에 이 아들은 열심히 선행을 하여 못을 다 뽑았습니다. 그리고 나서 "아버지, 이제 못을 다 뽑았으니 됐지요?" 하는 것이었습니다. 그러나 아버지는 "못 자국은 그대로 있지 않느냐? 너는 저 못 자국을 보고 겸손히 주님의 사랑을 실천해야 된다."고 타일렀습니다.

하나님은 우리를 사랑하십니다. 우리의 죄를 깨끗하게 하신 후에 사용하십니다. 우리가 먼저 하나님 앞에 모든 죄악을 회개하면 용서해 주십니다. "하나님, 나는 죄인입니다. 하나님을 믿습니다. 나의 죄를 용서해 주십시오." 이렇게 하면 하나님은 우리의 모든 죄를 깨끗하게 씻어 주십니다. 그리고 우리를 사용하십니다.

우리의 인생은 짧습니다. 우리는 청소년 시절에 우리 인생을 어떻게 사용할 것인가를 결정해야 합니다. 어떤 분이 우리 인생을 70년으로 보고 재미있는 계산을 했습니다. 20년은 직장에서 일하면서 보내고, 20년은 잠자면서 보내고, 6년은 먹고 마시면서 보내고, 7년은 쉬고 즐기면서 보내고, 3년은 다른 사람을 기다리며 보내고, 또 1년은 전화기를 붙들고 보낸다는 것입니다. 참 그럴듯한 이야기라고 생각합니다.

우리는 시간을 잘 사용해야 합니다. 헛되이 보내서는 안됩니다. 하나님의 도우심을 받아야 합니다. 이 세상에는 우리 힘으로는 할 수 없는 일들이 너무도 많습니다. 그러나 우리 하나님은 전능하신 하나님이십니다. 불가능이 없으신 하나님이십니다.

어떤 인물의 이력서를 잠시 소개해 드리겠습니다. 여러분도 이미 잘 알고 있는 사람입니다. 과연 이 사람이 누구인지 한번 추측해 보시기 바랍니다. 그는 1831년에 사업을 시작했습니다. 그러나 곧 실패했습니다. 1832년에는 주 하원의원에 출마했다가 낙선되었습니다. 1833년에는 새로운 사업에 손을 댔지만 또다시 실패했습니다. 1834년에는 감사하게 주 하원의원에 당선되었습니다. 1835년에는 그가 사랑하던 애인이 죽었습니다. 1836년에는 신경쇠약으로 쓰러지기도 했습니다. 1838년에는 주 하원의장에 입후보했다가 쓴잔을 마셨습니다. 1840년에는 선거인단에 출마했다가 패배했습니다. 1843년에는 연방 상원의원에 출마했다가 낙선되었습니다. 1846년에는 연방 하원의원에 당선이 되었습니다. 1848년에는 연방 하원의원에 재출마했다가 또 낙선되었습니다. 1856년에는 부통령에 출마했다가 낙선되었습니다. 1858년에는 연방 상원의원에

또다시 출마했다가 역시 낙선되었습니다. 1860년에는 당당히 미국의 제16대 대통령으로 당선이 되었습니다.

이 불굴의 인물은 과연 누구이겠습니까? 우리가 잘 아는 에이브라함 링컨 대통령입니다. 우리가 그의 이력서를 통해 알 수 있듯이 그는 수많은 실패를 겪었던 사람입니다. 그러나 실패할 때마다 그것 때문에 포기하거나 좌절하지 않고, 그때마다 더 큰 것에 도전했습니다. 그렇게 해서 결국은 당당하게 대통령의 자리에까지 오르게 되었습니다. 링컨이 대통령에 당선이 되었을 때 사람들이 그에게 이런 질문을 했습니다. "당신은 남달리 많은 실패를 겪은 것으로 알고 있습니다. 그런데 어떻게 그 어려운 시련들을 다 이겨내고 지금처럼 대통령의 위치에 오를 수가 있었습니까?" 그때 링컨은 이렇게 말했습니다. 대답은 간단합니다. "방금 말씀하신 대로 저는 남달리 많은 실패를 겪었습니다. 그때마다 마귀는 제게 속삭입니다. "너는 끝장이다. 이제 끝장이다. 그러니 포기해라!" 그러나 하나님은 성령님을 통해서 언제나 제게 말씀하셨습니다. "포기하지 말아라! 낙심하지 말아라! 그것보다 더 큰 것에 도전해라!" 저는 마귀의 속삭임에 귀를 기울이지 않고, 언제나 하나님의 음성에 귀를 기울이며 하나님의 말씀에 순종했을 뿐입니다." 이것이 바로 성공의 비결이라는 것입니다.

사랑하는 여러분! 하나님은 당신을 사랑하십니다. 그리고 깨끗하게 되기를 원하십니다. 그리고 축복하시길 원하십니다. 그리고 사용하시길 원하십니다. 이 시간, 하나님은 여러분을 사랑하시어 불러 주셨습니다. 하나님을 영접하시고 하나님의 사랑을 평생 받아 누리며 성공적인 삶을 살아가시길 기원합니다. 아멘.

2001. 10. 21(중고등부)

가장 중요한 것

그러므로 염려하여 이르기를 무엇을 먹을까 무엇을 마실까 무엇을 입을까 하지 말라 이는 다 이방인들이 구하는 것이라 너희 천부께서 이 모든 것이 너희에게 있어야 할 줄을 아시느니라 너희는 먼저 그의 나라와 그의 의를 구하라 그리하면 이 모든 것을 너희에게 더하시리라 그러므로 내일 일을 위하여 염려하지 말라 내일 일은 내일 염려할 것이요 한 날 괴로움은 그날에 족하니라

(마태복음 6:31-34)

가장 중요한 것

이 세상에서 가장 중요한 것은 무엇입니까? 대부분의 사람들은 무엇을 먹을까 무엇을 마실까 무엇을 입을까 하는 문제를 생각합니다. 의식주 문제는 아주 중요합니다. 우리 교회에게도 매주 실직자들이 200여 명 옵니다. 우리 교회에서는 점심 시간에 따뜻한 식사를 대접하고 교통비도 드립니다. 그런데 우리 인간이 의식주만 해결되면 다 되겠습니까? 먹고 입고 자는 것이 전부이겠습니까? 이것이 인생에서 가장 중요한 목적이겠습니까?

어떤 분이 부자와 빈자의 차이를 재미있게 말했습니다.
부자는 지갑에 '회원권'을 넣고 다니고, 빈자는 '회수권'

을 넣고 다닌다.

부자는 '사우나'에 가서 땀을 빼고, 빈자는 '사우디'에 가서 땀을 뺀다.

부자는 주로 '맨션'에서 살고, 빈자는 주로 '맨손'으로 산다.

부자는 매일 '쇠고기' 반찬을 먹고, 빈자는 거의 '쇠고기' 라면으로 떼운다.

부자는 영양과다로 '헬스' 클럽에 다니고, 빈자는 영양부족으로 '핼쑥'한 얼굴로 다닌다.

부자는 '개소주'를 마시고, 빈자는 '깡소주'를 마신다.

우리는 한번 생각해 봐야 합니다. 돈만 많으면 그 사람이 성공한 사람이고 행복한 사람입니까? 결코 아닙니다. 미국 라스베가스에 수천 억짜리 호텔을 몇 개나 가지고 있는 큰 부자가 최근 영양 실조로 죽었습니다. 믿어지지가 않아서 무슨 소리냐고 하니까 그 '하워드 휴'라는 사람은 돈은 많지만 무엇이나 의심하는 정신질환에 걸렸다고 했습니다. 그래서 음식에 독약이 들었을까봐 먹지 못하고, 누가 죽이러 올까봐 집에서 잠도 자지도 못하고, 의사가 죽일까봐 아파도 의사도 부르지 못하고, 깊은 호텔방에 숨어서 깡통 음식만 조금씩 먹으며 지냈습니다. 그러다가 다 죽게 되어 앰블런스를 불렀는데 가는 도중에 죽었다는 것입니다. 시체를 부검해 본 결과 아무 병균도 없고, 단지 영양실조로 죽었다는 것입니다.

그 많은 돈을 가지고만 있었지 사용하지를 못했습니다. 돈을 벌어들이는 데만 목표를 두는 것은 어리석은 것입니다. 돈을 가지고만 있으면 그것이 가치가 없습니다. 돈은 가치있게 사용해야 그 돈이 가치가 있습니다. 돈은 우리에게 소중한 것이 아닙니다.

밀림의 성자였던 알버트 슈바이처 박사는 성공적인 삶을 살았습니다. 그는 부잣집에서 태어났고 부자로 살았습니다. 그는 우리가 잘 아는 대로 훌륭한 오르간 연주자였습니다. 철학 박사였습니다. 신학 박사였습니다. 의학 박사였습니다. 박사 학위를 세 개나 가지고 있는 사람이었습니다. 그러면 그는 더 이상 부족한 것이 없습니다. 그러나 그는 고민했습니다. 만족이 없었습니다. 하루는 말씀 가운데 부자와 거지 나사로의 말씀을 깊이 묵상하게 되었습니다. "한 부자가 있어 자색 옷과 고운 베옷을 입고 날마다 호화로이 연락하는데 나사로라 이름한 한 거지가 헌데를 앓으며 그 부자의 대문에 누워 부자의 상에서 떨어지는 것으로 배불리려 하매 심지어 개들이 와서 그 헌데를 핥더라 이에 그 거지가 죽어 천사들에게 받들려 아브라함의 품에 들어가고 부자도 죽어 장사되매 저가 음부에서 고통 중에 눈을 들어 멀리 아브라함과 그의 품에 있는 나사로를 보고 불러 가로되 아버지 아브라함이여 나를 긍휼히 여기사 나사로를 보내어 그 손가락 끝에 물을 찍어 내 혀를 서늘하게 하소서 내가 이 불꽃 가운데서 고민하나이다 아브라함이 가로되 얘 너는 살았을 때에 네 좋은 것을 받았고 나사로는 고난을 받았으니 이것을 기억하라 이제 저는 여기서 위로를 받고 너는 고민을 받느니라 이뿐 아니라 너희와 우리 사이에 큰 구렁이 끼어 있어 여기서 너희에게 건너가고자 하되 할 수 없고 거기서 우리에게 건너올 수도 없게 하였느니라 가로되 그러면 구하노니 아버지여 나사로를 내 아버지의 집에 보내소서 내 형제 다섯이 있으니 저희에게 증거하게 하여 저희로 이 고통받는 곳에 오지 않게 하소서 아브라함이 가로되 저희에게 모세와 선지자들이 있으니 그들에게 들을지니라 가로되 그렇지 아니하니이다 아버지 아브라함이여 만일 죽은 자에게서 저희에게 가는 자가 있으면 회개하리이다 가로되 모세와 선지자들에게 듣지 아니하면 비록 죽은 자 가운데서 살아나는 자가 있을지라도 권함을 받지 아니하리라 하였다 하시니라"(누가복음 16:19-31).

슈바이처는 자기 스스로에게 자문해 보았습니다. "이 시대의 부자는 누구인가? 이 시대의 거지 나사로는 누구인가?" 부자는 바로 자기라는 생각이 들었습니다. 그러면 거지 나사로는 누구인가를 깊이 생각해 보았습니다. 그에게 깨달음이 왔습니다. "아프리카 밀림 속에서 병들어 죽어가고 있는 불쌍한 흑인들이다. 만일 내가 그들을 도와주지 않고 내버려둔다면, 예수님의 말씀 속에 나오는 부자처럼 이것은 나 스스로를 죽이는 길이요, 내 가족을 죽이는 길이다." 그는 즉시 결단했습니다. 모든 것을 정리하고 아프리카로 들어갔습니다. 그리고 밀림 속에 있는 불쌍한 흑인들을 돌보면서 자기의 여생을 다 바쳤습니다.

하루는 흑인 여성 한 사람을 치료하고 있는데 그 여인이 궁금하다는 듯 슈바이처 박사에게 이렇게 물었습니다. "선생님, 선생님은 박사 학위를 세 개나 가지고 있는 위대한 학자이자 천재적인 음악가이십니다. 그런 선생님이 어떻게 이 오지에 오셔서 고생하며 사십니까?" 그때 슈바이처 박사가 이렇게 대답했습니다. "예, 제게는 말로써 남을 감동시킬 수 있는 재주가 없답니다. 내가 예수님의 사랑을 글이나 말로써 표현하려고 해 보았지만 그것을 제대로 이해하는 사람이 별반 없었습니다. 그래서 예수님이 자신의 삶으로 그 사랑을 내게 보여주신 것처럼 나도 그 본을 받아서 행동으로 예수님의 사랑을 실천할 뿐입니다. 그런데 비록 작은 사랑이지만 이 사랑을 실천하는 동안에 하나님은 오히려 내게 큰 축복을 주셨습니다. 나에게 이와 같이 건강을 주셨고, 마음의 행복까지 선물로 주셨습니다."

슈바이처는 이 세상에서 가장 가치 있는 삶이 무엇인가를 알았습니다. 그것은 돈이 아니었습니다. 명예가 아니었습니다. 좋은 집도 아니었고 좋은 음식도 아니었습니다. 더 가치 있는 일을 하는 것이었습니다. 그것은 하나님을 사랑하는 일이었고 하나님의 일을 하는 것이었습니다.

우리 사람은 하나님의 형상대로 지음을 받았습니다. 동물과는 완전히 다른 차원 높은 삶을 살도록 지음을 받았습니다. 그러므로 하나님의 뜻에 따라 살아가도록 지음을 받았습니다. 하나님의 뜻대로 살아갈 때 참된 행복을 누릴 수가 있습니다.

그런데 우리 인간이 하나님의 말씀을 거역함으로 죄가 이 땅에 들어왔습니다. 그리고 우리 인생은 행복을 상실했습니다. 질병이 들어오고 불행이 시작되었습니다. 그리고 그 결과 죽음이 찾아오게 되었습니다.

그래서 모든 사람들의 목표는 육체가 되었습니다. 사람들의 삶의 목표는 먹고 마시고 즐기며 사는 것이 되었습니다. 물질주의, 쾌락주의가 되었습니다. 그런데도 만족이 없습니다. 아무리 돈이 많아도 기쁨이 없습니다. 더 중요한 일이 있습니다. 가장 중요한 일이 우리에게 있습니다. 그것은 하나님을 사랑하고 하나님의 일을 하는 것입니다. 그때 우리는 참된 행복과 만족을 누릴 수 있습니다.

유대인의 지혜서인 탈무드에는 이런 글이 실려 있습니다. "참으로 지혜로운 자는 어떤 사람입니까?" 그것은 "모든 경우에 있어서 배우는 사람"입니다. "참으로 강한 자는 누구입니까?" 그것은 "자신을 절제할 줄 아는 사람"입니다. "그러면 정말 부자는 어떤 사람입니까?" 그것은 "자신이 가진 것에 감사할 줄 아는 사람이 정말 부자"라는 것입니다.

여러분, 하나님은 우리를 사랑하십니다. 그러므로 우리가 행복하고 가치있게 살아가기를 원하십니다. 그런데 하나님께서 특별히 사랑하시고 귀하게 사용하신 사람들은 공통적인 특징이 있습니다. 하나님께서 사랑하시고 축복하신 사람들은 한결같이 깨끗한 삶을 살았습니다. 즉 세상의 죄를 멀리했습니다. 우리는 항상 죄를 지을 수밖에 없는 연약한 사람들입니다. 죄를 짓지 않고 사는 사람은 아무도 없습니다. 그러나 이 죄를 가지고는 하나님 앞에 설 수가 없습니다. 그래서 하나님은 죄를 없애고 깨끗하게 살아가는 방법을 우리에게 보여주셨습니다.

예수님은 말씀하셨습니다. "하나님이 세상을 이처럼 사랑하사 독생자를 주셨으니 이는 저를 믿는 자마다 멸망치 않고 영생을 얻게 하려 하심이니라"(요한복음 3:16).

하나님은 우리 인생들을 사랑하셨습니다. 죄를 지은 인생은 모두 하나님의 심판을 받아 죽어야 했고, 지옥의 심판을 받아야 했습니다. 그래서 하나님은 우리 인류를 구원하기 위하여 하나님 자신이 사람의 몸을 입고 이 세상에 오셨습니다. 바로 그분이 예수 그리스도이십니다. 우리의 모든 죄를 대신하여 갈보리산에서 십자가를 지시고 죽어주셨습니다. 그리고 사흘만에 다시 살아나셨습니다. 그리고 하늘 나라로 올라가셨습니다. 그리고 누구든지 예수님을 믿는 자, 즉 하나님을 믿는 자에게는 그의 모든 죄를 용서하셨습니다. 어떤 죄인이라도 무슨 죄를 지어도 하나님을 믿는 자에게는 그의 모든 죄를 용서해 주셨습니다.

성경은 말씀합니다. "만일 우리가 우리 죄를 자백하면 저는 미쁘시고 의로우사 우리 죄를 사하시며 모든 불의에서 우리를 깨끗케 하실 것이요"(요한일서 1:9).

하나님을 믿는 자를 깨끗하게 해주셨습니다. 그리고 사랑하십니다. 그리고 사용하십니다.

도미노 피자와 디트로이트 타이거의 구단주로 있었던 타마스 모네간은 사업가로서 꿈이 있었습니다. 그것은 다른 사람들처럼 사업을 확장하고 더 많은 돈을 버는 것이었습니다. 그는 사업을 확장하고 더 많은 돈을 벌기 위해서 땀을 흘리며 열심히 노력했습니다. 그런데 인생의 절정인 중년기를 넘어섰을 때 어느날 갑자기 인생에 대한 회의가 생겼습니다. "내가 사업을 이렇게 확장하지만 도대체 인생이란 뭘까?" 그는 교회에 출석하고 있었는데 어느날 신실한 크리스천 친구가 책을 선물한 것이 있었습니다. 그는 'C.S.루이스'라는 저자가 쓴 신앙서적을 읽기 시작했습니다. 그러다가 그는 갑자기 책의 한 부분에서 충격을 받았습니다. 그때 마침 이 사람은 집을 짓고 있었습니다. 미국에서 27ac의 한 개인이 소유할 수 있는 가장 멋있는 집, 소위 '꿈의 집'(dream house)을 짓고 있었습니다. 그 집이 거의 절반쯤 지어졌을 때 마침 그 책을 읽다가 충격과 은혜를 받았습니다. 그리고 갑자기 이런 생각이 들었습니다. "그래, 내가 미국에서 제일 멋있는 집을 짓고 내가 거기 들어가서 산다고 하자, 그 다음에 그래서 어쨌다는 말이냐? 내가 그 멋진 집에서 산다, 그래서 어쨌단 말이냐? 그것이 무슨 의미가 있느냐?" 이런 생각이 들자 자기가 짓고 있었던 드림 하우스가 아무런 의미가 없었습니다. 그는 갑자기 건축을 중단할 것을 명했습니다. 그리고 그 집의 설계를 변경했습니다. 그것을 이웃 사람들을 돕고 섬기기 위한 자선 사업을 위한 'Institute'로 바꾸었습니다. 그것을 복지재단으로 바꾸었습니다. 그리고 현재에 있는 자기 집을 팔고 더 작은 집으로 이사했습니다. 이 소식이 알려지자 굉장한 뉴스가 되었습니다. 시카고 트리뷴지 기자가 그 사실을 두고 인터뷰를 하게 되었는데, 그때 "소감이 어떠냐?"라고 물었습니다. 그러자 그는 "나는 더 작은 집으로 이사했고 우리 회사의 'profit'은 나의 이런 심경의 변화 때문에 이익은 조금 줄어들지 모릅니다. 그러나 그건 신문에 난 기사예요. 나는 비로소 세상에 태어나

가장 중요한 것 167

서 '아, 이것이 행복이로구나!' 라는 사실을 느끼기 시작하고 있습니다." 하고 말했습니다.

그렇습니다. 참된 행복은 많이 가지는데 있지 않습니다. 그보다 더 중요한 일이 있습니다. 의식주보다 더 가치있고 중요한 일이 있습니다. 그것은 하나님의 형상대로 지음 받은 사람으로서 하나님을 사랑하고 하나님의 사랑을 실천하는데 있습니다. 하나님은 여러분을 사랑하십니다. 그리고 가장 가치있고 중요하고 영원한 삶을 살기를 원하십니다. 이 시간, 주 예수님을 영접함으로 가장 성공적인 삶을 살아가시길 기원합니다. 아멘.

2001. 10. 22(장년부)

세월을 아끼라

그런즉 너희가 어떻게 행할 것을 자세히 주의하여 지혜 없는 자같이 말고 오직 지혜 있는 자같이 하여 세월을 아끼라 때가 악하니라 그러므로 어리석은 자가 되지 말고 오직 주의 뜻이 무엇인가 이해하라 술 취하지 말라 이는 방탕한 것이니 오직 성령의 충만을 받으라

(에베소서 5:15-18)

세월을 아끼라

　지난 해에 '친구'라는 영화를 관람한 후 수업 중인 친구를 살해한 사건이 부산 용호동에서 발생했습니다. 그 영화를 40여 차례나 본 후 평소에 폭행 당한 것을 앙갚음했다고 합니다. 수업중인 고등학교 교실에서 교사와 다른 급우들이 지켜보는 가운데 한 학생이 급우를 흉기로 찔러 살해한 사건입니다. 10월 13일 오전 10시 10분경, 부산 남구 용호동에 소재한 D공고 1학년 화공학과 교실에서 김모(16)군이 흉기로 급우 박모(16)군의 왼쪽 겨드랑이 밑을 찔러 숨지게 했습니다. 사건 당시 교실에서는 2교시 사회과목 수업이 진행되고 있었으며, 교사 신모(41)씨는 학생들의 노트필기를 검사하고 있었습니다. 신교사와 학생들의 말에 따르면, 지난달 29일 이후 계속 결석 중이던 김군은 이날 수업 도중에 갑자기 교실 뒷문을 열고 나타나 미리 준비한 흉기로 교실 뒤편에 앉아있던 박군을 한 차례 찔렀다고 합니다. 박군은 현장에서 쓰러져 병원으로 이송하던 중에 숨졌습니다. 사건 직후 도주했던 김군은 이날 오후 1시쯤 동래구 낙민동 집 근처에서 기다리던 경찰에 의해 체포됐습니다. 김군은 경찰조사에서 "지난 3월부터 박군이 너무 괴롭혀 왔고, 지난달 28일에도 일방적으로 폭행을 당해 학교도 나가지 않고 복수를 준비해왔다면서 영화 '친구'를 40여 차례나 보며 용기를 얻었다."고 진술했습니다. 박군은 1학기 때 반장으로 활동했으며 친구도 많아 속칭 '짱' 이었고, 김군은 체격은 좋아도 내성적인 성격이었다고 같은 반 학생들은 말합니다. 그리고 지난달 28일에는 급우들이 모두 지켜보는 가운데 박군으로부터 맞았다고 말했습니다.

우리가 사는 이 세대의 단면을 보여주는 사건입니다.

우리가 사는 이 세상은 악한 세상입니다. 우리는 너무도 무서운 세상에 살고 있습니다. 신문 등 매스컴은 아름답고 좋은 이야기나 감동적인 내용보다 온통 범죄 사건으로 가득합니다.

"오전 8시 45분, 아마도 공중 납치된 것으로 보이는 커다란

항공기가 세계무역센터에 충돌했습니다. 빌딩에는 큰 구멍이 생겼고 불길에 휩싸였습니다"(2001년 9월 11일 CNN뉴스에서). 미국인들에게 있어 그날 아침은 결코 잊을 수 없는 날이 될 것입니다. 최초로 전해진 CNN방송의 이 뉴스는 믿어지지 않는 현실이며 마치 영화의 한 장면 같습니다. 아니 차라리 영화의 한 장면이었으면 하고 생각해 봅니다. 그러나 현실적으로 이 장면은 아마도 오랫동안 미국인뿐 아니라 세계인들의 마음속에서 지워지지 않을 것입니다. 참으로 엄청난 충격이며 상상하기 어려운 일입니다. 누가 세계 경제의 중심지, 세계 최강국의 심장부에 이런 어마어마한 테러를 가할 줄 생각이나 했겠습니까? 테러와의 전쟁, 범죄와의 전쟁, 이것이 우리가 사는 세상입니다.

그리고 우리가 사는 인생의 시간도 아주 짧습니다. 너무 빨리 지나가 버립니다.

미국의 어느 연구소에서도 인생 70년을 분석하여 통계를 내놨습니다. 잠자는데 24년, 일하는데 11년, 오락하는데 8년, 기다리는데 6년, 걷는데 6년, 모양내는데 6년, 독서하는데 3년, 대화하는데 3년, TV를 시청하는데 6-7년, 그리고 교회 가는데 6개월 정도의 시간을 허비한다고 했습니다. 우리가 제대로 일하는 시간은 너무 짧습니다.

우리 청년의 세월도 빨리 지나가 버립니다. 세상에는 다시는 돌아올 수 없는 것 세 가지가 있습니다. 첫째는 우리 입에서 나간 말입니다. 한번 내뱉은 말은 다시는 돌이킬 수 없습니다. 둘째는 화살입니다. 활시위를 떠난 화살은 다시는 돌아오지 않습니다. 셋째는 흘러간 세월입니다. 흘러간 세월은 흐르는 물 같아서 다시는 돌이킬 수 없습니다. 그런데 흘러가는 시간을 붙잡을 수 있는 길이 있습니다. 그것은 반성이라는 법정에 서서 지난 일을 돌이켜보며 "무엇을 잃었으며 또한 무엇을 얻었는가?" 하고 묻는 것입니다. 그리하여 얻은 것에 감사하고 잃은 것에 대해 반성할 때 세월은 다만 흘러가는 것만이 아니라 다시 새롭게 살아갈 수 있는 것이 아니겠습니까?

그러므로 우리는 세월을 아껴야 합니다. 성경은 말씀합니다. "세월을 아끼라 때가 악하니라"(에베소서 5:16). '세월을 아끼라'($\epsilon\xi\alpha\gamma o\rho\alpha\zeta o\mu\alpha\iota$)는 말은 '저축하라'(to save), '돈을 주고 사라'(to buy), '기회를 붙잡아라'(take opportunity)는 뜻이 있습니다.

우리는 흘러가는 세월을 붙잡아야 합니다. 시간을 소중히 여겨야 합니다.

미국의 제20대 대통령 가필드가 대학생 때의 일입니다. 가필드의 클래스 메이트 중에는 수학 성적이 뛰어난 학생이 있었습니다. 원래부터 지기 싫어하는 가필드는 그를 따라 잡기 위해 열심히 공부했습니다. 그러나 아무리 노력해도 수학은 언제나 그 학생이 우수했습니다. 그러나 어느날 밤, 가필드는 공부를 마치고 잠자리에 들었습니다. 잠자리에서 수학 성적을 생각하자 참을 수가 없었습니다. 가필드는 그대로 일어나서 그 학생의 방으로 갔습니다. 그 학생의 방은 아직 불이 환하게 켜져 있었습니다. 그리고 약 10분 후에 불이 소등되었습니다. 가필드는 자신도 모르게 무릎을 쳤습니다. "그래, 이 10분이다." 가필드는 그때부터 그 학생보다 10분 일찍 일어나고 10분 늦게 잠자리에 들었습니다. 또한 수업 시간에 10분 일찍 들어가서 예습을 했습니다. 그렇게 노력한 결과 가필드는 전체적으로 수석을 할 수 있었습니다. 그리고 훗날 대통령으로 취임했을 때, 취임사 중에는 그 당시를 회상하면서 이렇게 말했습니다. "10분을 이용한다. 이것이 모든 일에 있어서 성공을 초래하는 비결인 것이다."

그러면 우리에게 주어진 이 시간을 무엇을 위해 살아야 하겠습니까? 가치있는 삶을 위해 사용해야 합니다. 가치있는 삶을 살기 위해서 우리의 마음과 우리의 심령이 바로 서야 합니다. 올바른 목표를 세워야 하고 올바른 가치관을 세워야 합니다.

이 세상 중심과 세속주의에서 벗어나야 합니다. 이 세상은 우리를 유혹하고 타락시키는 일들이 너무도 많습니다.

하루는 사탄이 자기의 졸개들을 다 불러모으고 회의를 했다고 합니다. "어떻게 하면 더 많은 사람들을 타락시켜서 그들의 영혼을 지옥으로 끌고 올 수 있을 것인가?" 이것이 그날 회의의 의제였습니다. 사탄의 졸개들은 머리를 맞대고서 이런저런 방안을 강구하게 되었습니다. 여러 가지 의견들이 제시되었습니다. 예컨대 이러한 의견들입니다. "사람들은 자고로 돈을 좋아하니까 돈을 많이 벌게 해줍시다. 그렇게 해서 흥청망청 쓰는 가운데 죄를 짓게 만듭시다." 또 이런 의견도 나왔습니다. "사람들은 술에 약하니까 술을 마시게 해서 취하게 만듭시다. 그러면 개나 돼지처럼 행동하면서 타락할 테니까 지옥으로 끌려오는 영혼들이 많을 것입니다." 그런가 하면 이런 의견도 있었습니다. "사람은 아담 때부터 여자의 유혹에 약하지 않습니까? 그러니 성적으로 타락시킵시다." 그러나 사탄은 그 모든 의견들이 별로 탐탁지 않게 생각되었습니다. 그래서 졸개들에게 물었습니다. "그런 것은 말고 뭐 다른 참신한 방법이 없는가?" 그때 졸개 가운데 하나가 일어서면서 이렇게 말했습니다. "지금까지 제시된 방법들을 가지고는 인간의 영혼을 그저 부분적으로만 타락시킬 수 있을 뿐입니다. 사람들의 마음속에 희망이 도사리고 있는 한 우리가 그들을 온전히 파멸시키지는 못할 것입니다. 그래서 제 생각에는 사람들의 마음속에 있는 희망을 빼앗아 버리고, 그 대신에 그들의 마음속에 깊은 절망감을 심어주는 것입니다. 그 방법은 틀림없이 효과가 있으리라고 생각합니다." 사탄은 그 소리를 듣더니 무릎을 탁 치면서 "그것 참 기막힌 수법일세!"라고 감탄하며 그 졸개를 칭찬해 주었다는 것입니다.

사탄은 우리의 마음을 어둡게 하고 절망감에 빠지게 합니다. 인간을 타락시킵니다. 이런 사탄의 유혹과 세상의 타락은 끝없이 우리를 괴롭힐 것입니다. 이 세상이 왜 이렇게 악하게 되었습니까? 그것은 범죄의 결과입니다.

왜 우리 인생이 수고하고 슬퍼하며 살아야 합니까? 그것은 우리가 가진 죄 때문입니다. 우리 인생은 모두가 조상 아담이 지은 원죄를 가지고 태어납니다. 그리고 우리의 생활 속에 매일 죄를 짓고 살아갑니다.

성경은 말씀합니다. "의인은 없나니 하나도 없으며"(로마서 3:10).

우리 모두는 죄인입니다. 우리는 항상 죄를 지을 수밖에 없는 연약한 사람들입니다. 죄를 짓지 않고 사는 사람은 아무도 없습니다. 그러나 이 죄를 가지고는 하나님 앞에 설 수 없습니다. 그런데 우리 하나님은 수고와 슬픔으로만 살다가 갈 인생을 사랑하셨습니다. 놀라운 새로운 길을 보여주셨습니다.

보람있고 행복한 삶을 보여주셨습니다. 영원히 사는 길을 보여주셨습니다. 바로 그것은 하나님의 사랑입니다.

그래서 하나님은 죄를 없애고 깨끗하게 살아가는 방법을 보여주셨습니다. 성경은 말씀합니다. "하나님이 세상을 이처럼 사랑하사 독생자를 주셨으니 이는 저를 믿는 자마다 멸망치 않고 영생을 얻게 하려 하심이니라"(요한복음 3:16).

하나님은 우리 인생들을 사랑하셨습니다. 죄를 지은 인생은 모두 하나님의 심판을 받아 죽어야 하고 지옥의 심판을 받아야 했습니다. 그래서 하나님은 우리 인류를 구원하기 위하여 하나님 자신이 사람의 몸을 입고 이 세상에 오셨습니다. 그분이 바로 예수 그리스도이십니다. 우리의 모든 죄를 대신하여 갈보리산에서 십자가를 지시고 죽어주셨습니다. 그리고 사흘만에 다시 살아나셨습니다. 그리고 하늘 나라로 올라가셨습니다. 그리고 누구든지 예수님을 믿는 자 즉 하나님을 믿는 자에게는 그의 모든 죄를 용서하셨습니다. 어떤 죄인이라도 무슨 죄를 지었더라도 하나님을 믿는 자에게는 그의 모든 죄를 용서해 주십니다.

성경은 말씀합니다. "만일 우리가 우리 죄를 자백하면 저는 미쁘시고 의로우사 우리 죄를 사하시며 모든 불의에서 우리를 깨끗게 하실 것이요"(요한일서 1:9).

하나님은 우리 인생을 사랑하셨습니다. 그래서 우리 인생이 정말 보람있고 행복하게 살 수 있는 길을 보여주셨습니다. 우리 인생에게 영원히 사는 길을 보여주셨습니다.

그러므로 예수님 안에서 우리는 보람있는 인생을 살 수 있습니다. 행복한 인생을 살아갈 수 있습니다. 영원한 삶을 살 수 있습니다. 예수님 안에 있는 우리에게는 영원한 하나님의 나라가 있기 때문입니다. 그러므로 우리는 짧은 우리 인생을 보람있고 가치있게 사용해야 합니다.

우리의 인생을 어떻게 사용해야 하겠습니까? 우리는 짧은 인생을 허비할 수는 없습니다. 가치있고 보람있게 보내야 합니다.

이제 우리는 결단해야 합니다. 우리의 인생을 어떻게 살아야 합니까? 어떻게 세월을 아껴야 합니까?

찰스 콜슨(Charles Colson)이라는 사람이 있습니다. 그는 미국 닉슨 대통령 시절에 대통령 보좌관으로 있으면서 정치적인 권력을 누렸던 사람입니다. 그는 머리가 비상할 뿐더러 지독할 정도로 냉철한 사람으로 유명했습니다. 그런 그가 워

터게이트 사건에 연루되어 감옥에 갇히게 되었습니다. 그때 상원의원 세 사람이 그의 삶을 완전히 변화시킵니다. 그들은 바로 항상 콜슨에게 복음을 전하고자 애썼던 헤트필더, 휴스, 퀴에라는 의원들입니다. 찰스 콜슨이 투옥되자, 그들은 그를 위해 날마다 기도 시간을 정하여 함께 기도했고, 그를 찾아가서 위로하며 책을 주었습니다. 찰스 콜슨의 형 집행기간이 7개월 가량 남았을 때의 일입니다. 어느날 평상시처럼 기도하는 가운데 퀴에의 마음에 그를 위해서 대신 옥살이를 해야겠다는 감동이 생겼습니다. 변호사였던 퀴에는 특수 법조문 안에 다른 사람을 대신하여 형기를 치를 수 있다는 내용이 언급되었다는 사실을 알아내고 법원에 제안해 보았지만 거절당하고 맙니다. 그러나 퀴에의 노력은 헛되지 않았습니다. 콜슨이 마침내 감옥에서 마음을 열고 복음을 받아들인 것입니다. 믿는 자들이 값없이 베푼 사랑 앞에 교만하기 그지없던 그의 자아가 무너져 내리기 시작했습니다. 그리고 자신도 누군가에게 사랑을 베풀어야겠다는 마음을 먹게 됩니다. 남아 있는 형기동안 그가 사랑을 베풀 수 있는 대상은 오로지 동료 죄수들밖에 없었습니다. 그때부터 그는 어떻게 하면 저들을 사랑할 수 있을까 하고 기도하기 시작했습니다. 그리고 죄수들이 제일 싫어하는 빨래를 하기 시작했습니다. 죄수들은 처음에는 그런 그의 태도를 믿지 못하고 다른 속셈이 있을 것이라고만 생각했습니다. 그러나 얼마 지나지 않아 죄수들은 자신들의 반응에도 아랑곳하지 않고 한결같이 봉사하는 그의 모습을 보고 하나 둘씩 감동을 받기 시작합니다. 그리고 그들과 더불어 기도 모임을 시작하고 사랑의 교제를 나눕니다. 콜슨은 그의 자서전에서 "평생 동안 집안에서 손가락 하나 까딱하지 않던 나는 저들을 사랑하면서 인생의 진정한 행복을 발견했다."고 고백할 만큼 비참할 수밖에 없는 감옥에서 사랑을 베풀며 지냈습니다. 그리고 그때 그는 일평생 죄수들을 위해서 살겠다는 다짐을 하게 됩니다. 그는 형기를 마치고 나와서 '거듭나기'(Born Again)라는 책 한 권을 발행했는데, 그 책은 한때 미국 사회에서 커다란 화제가 되었습니다. 그리고 그는 감옥에서 결심한대로 '교도소 선교회'(Prison Fellowship)라는 단체를 조직해서 죄수들에게 복음을 전하는 일에 힘을 다했습니다. 그 후에 그는 종교계의 노벨상이라고 불리는 템플턴상을 받게 됩니다.

그는 새로운 피조물이 되었습니다. 그는 예수 그리스도 안에서 새사람이 되었습니다. 그의 삶은 이전의 삶과는 완전히 다른 것이었습니다. 그는 새로운 삶을 살았습니다. 가장 가치 있는 삶을 살았습니다.

여러분, 세월을 아낍시다. 우리 인생은 짧습니다. 너무 빨리 지나갑니다. 하나님은 여러분을 사랑하십니다. 이제 결단합시다. 하나님 안에서 새로운 각오와 가치를 가지고 결단합시다. 새로운 피조물로 변화됩시다. 그리고 전능하신 하나님의 도우심으로 가장 가치있는 성공적인 삶을 살아갑시다. 아멘.

2001. 10. 23(청년부)

우리의 인생 2

우리의 연수가 칠십이요 강건하면 팔십이라도 그 연수의 자랑은 수고와 슬픔뿐이요 신속히 가니 우리가 날아가나이다 누가 주의 노의 능력을 알며 누가 주를 두려워하여야 할대로 주의 진노를 알리이까 우리에게 우리 날 계수함을 가르치사 지혜의 마음을 얻게 하소서

(시편 90:10-12)

우리의 인생 2

지난 해 미국 뉴욕 세계무역센터에서 일어난 테러 대참사는 히로시마에 떨어진 원자폭탄에 버금가는 충격적인 사건이었습니다. 이 참사는 단지 미국에 국한된 것이 아니라 전세계가 함께 아파해야 하는 인류의 비극입니다. 이 대참사를 보며 많은 사람들이 공통적으로 생각하게 되는 것이 있습니다. "첫째, 이 세상에 강한 것은 없다. 뉴욕 세계무역센터는 세계 최고의 경제력을 나타내며 워싱턴의 펜타곤은 세계 최대의 군사력을 상징하는 것들인데, 그것들이 한순간에 와르르 무너졌다. 그 곳은 원폭 맞은 자리와 같은 폐허, 그 이상의 아무 것도 아닌 것이 돼버렸다. 둘째, 과연 이 땅 위에 안전지대는 없다. 자기 생명과 바꾸고자 하는 일본 가미가제

식 자살테러를 막을 수 있는 방법은 이 땅 어디에도 없다고 여겨지기 때문이다. 죽고자 하는 자에게는 무서울 것도 없고 못할 것도 없다. 셋째, 이 땅 위에 사는 동안 참된 평화를 얻는 길은 무엇인가? 사는 것이 사는 것 같지 않은 이 땅 위에서의 실제적 생존방식에 대한 새로운 물음을 자체적으로 되뇌이게 됐거 때문이다."

한 번의 비행기 테러로 6천 명이 죽음을 당했습니다. 그러면 그 사람들이 우리보다 죄를 많이 지어서입니까? 우리보다 더 악해서입니까? 아닙니다. 분명한 것은 우리도 항상 불행을 당할 수 있다는 것입니다. 이것이 우리의 인생입니다. 우리 스스로는 안전을 지킬 수 없습니다. 인간의 생명을 우리 마음대로 할 수 없습니다.

120년의 세월을 살았던 모세는 이렇게 고백합니다. "우리의 연수가 칠십이요 강건하면 팔십이라도 그 연수의 자랑은 수고와 슬픔뿐이요 신속히 가니 우리가 날아가나이다"(시편 90:10).

우리 인생은 너무 짧습니다. 너무 빨리 지나갑니다. 70년, 80년도 잠깐입니다. 날아간다고 했습니다. 얼마 전에 전 세계는 대망의 새천년 2천 년대라고 떠들썩했습니다. 2000년 1월 1일 새벽, 해가 뜨는 것을 보려고 공사중인 광안대교 위에는 많은 사람들이 몰렸습니다. 자동차는 새벽부터 줄을 섰습니다. 그런데 벌써 올해도 다 지나갑니다. 우리 인생이 이렇게 빠릅니다.

미국의 어느 연구소에서 인생 70년을 분석한 통계를 발표했습니다. 잠자는데 24년, 일하는데 11년, 오락하는데 8년, 기다리는데 6년, 걷는데 6년, 모양내는데 6년, 독서하는데 3년, 대화하는데 3년, TV를 시청하는데 6-7년, 그리고 교회 가는데 6개월 정도의 시간을 허비한다고 했습니다. 우리가 제대로 일하는 시간은 너무도 짧습니다.

그런데 이 짧은 인생의 자랑은 무엇입니까? 당신의 인생을 한마디로 요약해 본다면 어떻게 되겠습니까? 인생을 자랑해 보라 하면 무엇을 말씀하시겠습니까?

짧은 우리 인생의 자랑은 바로 수고와 슬픔입니다. 정말 우리 인생은 태어나자마자 수고를 합니다. 죽을 때까지 수고하며 일합니다. 그리고 기쁨보다 슬픔이 더 많습니다. 이것이 우리 인생입니다.

미국에서는 매일 평균 69명이 자살한다고 합니다. 그런데 이들의 대부분이 65세 이상 된 부자들이라고 합니다. 65세 이상 된 노인들을 대상으로 한 어떤 여론조사에서 "당신은 인생을 살아 본 결과 행복했다고 생각합니까?'라는 질문을 했습니다. 그 물음에 "행복했다."고 대답한 사람은 25%에 불과했고, 나머지 대부분의 대답은 "자신이 희생물에 불과했다."는 반응으로 나타났다고 합니다.

역사상 최고의 부자요 부귀영화를 누렸던 사람은 솔로몬 왕입니다. 전무후무한 부귀의 왕 솔로몬의 고백을 들어봅시다. "헛되고 헛되며 헛되고 헛되니 모든 것이 헛되도다 사람이 해 아래서 수고하는 모든 수고가 자기에게 무엇이 유익한고"(전도서 1:2-3). 이것은 그가 인생을 한마디로 정리한 말입니다.

솔로몬은 엄청난 부귀와 영화를 누린 사람입니다. 마병이 1만 2천이요 병거가 1천 4백이었으며, 영토는 유브라데에서 애굽까지였고, 그의 백성은 하늘의 별과 같이 많았습니다. 솔로몬 궁전의 하루 식량은 밀가루가 90석이요, 살찐 소가 40이요, 양이 1백으로 궁중의 가속을 가히 짐작할 수 있습니다. 대제사장과 서기관과 군대장관과 국내 대신 등 그의 조직이 막강했습니다. 가나안 원주민을 노예로 삼아 역군으로 부릴 뿐만 아니라 주변국가를 제압했으며, 솔로몬왕은 재산과 그의 지혜가 천하 열왕보다 뛰어났습니다. 그의 지혜를 듣기 위해 천하에서 지혜자들이 몰려왔습니다. 또한 7년에 걸쳐 건축한 성전은 세상 어떤 나라의 이방신전보다 장엄하고 품위가 있어 누가 보든지 그 위엄에 압도되었습니다. 그뿐 아니라 13년 동안 건축한 솔로몬의 궁궐도 주변 모든 국가의 군왕들을 제압하기에 충분했습니다. 솔로몬은 700명의 후비(제왕의 배필)와 300명의 빈장(후궁 즉 왕의 첩들)을 두었습니다. 그가 사는 왕궁은 다 금으로 장식했으며, 은을 굴러다니는 돌처럼, 레바논의 백향목은 흔한 뽕나무처럼 여겼습니다. 부귀영화를 다 누려 보았던 솔로몬은 "헛되고 헛되며 모든 것이 헛되도다"라고 고백합니다. 이것이 우리 인생입니다.

왜 우리 인생이 수고하고 슬퍼하며 살아야 합니까? 그것은 우리가 가진 죄 때문입니다. 우리 인생은 모두가 조상 아담이 지은 원죄를 가지고 태어납니다. 그리고 우리의 생활 속에서 매일 죄를 짓고 살아갑니다.

성경은 말씀합니다. "의인은 없나니 하나도 없으며"(로마서 3:10).

우리 모두는 죄인입니다. 우리는 항상 죄를 지을 수밖에 없는 연약한 사람들입니다. 죄를 짓지 않고 사는 사람은 아무도 없습니다. 그러나 이 죄를 가지고는 하나님 앞에 설 수 없습니다. 그런데 우리 하나님은 수고와 슬픔 속에서만 살다가 갈 인생을 사랑하셨습니다. 놀라운 새로운 길을 보여주셨습니다. 보람있고 행복한 삶을 보여주셨습니다. 영원히 사는 길을 보여주셨습니다. 그것은 바로 하나님의 사랑입니다. 그래서 하나님은 죄를 없애고 깨끗하게 살아가는 방법을 보여주셨습니다.

성경은 말씀합니다. "하나님이 세상을 이처럼 사랑하사 독생자를 주셨으니 이는 저를 믿는 자마다 멸망치 않고 영생을 얻게 하려 하심이니라"(요한복음 3:16).

하나님은 우리 인생들을 사랑하셨습니다. 죄를 지은 인생은 모두 하나님의 심판을 받아 죽어야 하고 지옥의 심판을 받아야 했습니다. 그래서 하나님은 우리 인류를 구원하기 위하여 하나님 자신이 사람의 몸을 입고 이 세상에 오셨습니다. 그분이 바로 예수 그리스도이십니다. 우리의 모든 죄를 대신하여 갈보리산에서 십자가를 지시고 죽어주셨습니다. 그리고 사흘만에 다시 살아나셨습니다. 그리고 하늘 나라로 올라가셨습니다. 그리고 누구든지 예수님을 믿는 자 즉 하나님을 믿는 자에게는 그의 모든 죄를 용서하셨습니다. 어떤 죄인이라도 무슨 죄를 지었어도 하나님을 믿는 자에게는 그의 모든 죄를 용서해 주십니다.

성경은 말씀합니다. "만일 우리가 우리 죄를 자백하면 저는 미쁘시고 의로우사 우리 죄를 사하시며 모든 불의에서 우리를 깨끗케 하실 것이요"(요한일서 1:9).

하나님은 우리 인생을 사랑하셨습니다. 그래서 우리 인생이 정말 보람있고 행복하게 살 수 있는 길을 보여주셨습니다. 우리 인생에게 영원히 사는 길을 보여주셨습니다.

그러므로 우리는 예수님 안에서 보람있는 인생을 살 수 있습니다. 행복한 인생을 살아갈 수 있습니다. 영원한 삶을 살 수 있습니다. 예수님 안에 있는 우리에게는 영원한 하나님의 나라가 있기 때문입니다. 그러므로 우리는 짧은 우리 인생을 보람있고 가치있게 사용해야 합니다. 우리의 인생을 어떻게 사용해야 합니까? 우리의 짧은 인생을 허비할 수는 없습니다.

왕을 위하여 평생을 바친 신하 한 명이 죽어가고 있었습니다. 왕은 죽기 전에 그를 만나러 갔습니다. 왕은 죽어가는 신하에게 말했습니다. "오, 내 친구. 자네가 충성스럽게 나를 받들었으니 뭔가 보답하고 싶은데, 원하는 게 있나? 무엇이든 들어주겠네." 그가 대답했습니다. "네, 전하. 전하께 받고 싶은 게 딱 하나 있습죠." "무언가?" "하루만 더 살게 해주십시오. 단 하루만." 왕은 난감한 표정을 지으며 말했습니다. "어쩌나. 내가 이 지구상에서 가장 강력한 왕들 중의 한 명이지만 자네가 요청하는 것은 내 힘으로는 할 수 없는 일이네. 오직 하나님만이 삶의 선물을 주시고 유지하실 수 있다네." 신하가 깊은 한숨을 내쉬며 말했습니다. "그렇다면 속세의 왕을 모시느라 시간을 허비하지 말고 하나님을 모시는데 더 많은 시간을 보낼 것을 제가 무척 어리석었군요."

그러나 영원한 삶을 해결한 사람이 있습니다. 어느 목사님이 들려준 이야기입니다. 그의 장모가 수년 전에 세상을 떠났는데 그는 그때의 일만 생각하면 장모의 훌륭한 신앙고백을 결코 잊을 수가 없다고 했습니다. 어느날 그의 집에 들렀던 장모가 심한 각혈을 해서 명동 성모병원으로 옮겨 진찰을 한 결과 '다발성폐암'이라는 무서운 병으로 진단되었습니다. 의사는 3개월 이상을 견디기가 힘들 것이라고 했으나 믿음과 인내로 1년을 견뎌내고, 그 고통 중에서도 회갑예배를 드렸다고 합니다. 시골에 내려가서 장모님의 회갑예배에 참여하고 올라온 어느 수요일 밤이었습니다. 잠자리에 들었다가 새벽 1시경에 벌떡 일어나 장모에게 전화를 걸었습니다. 수화기를 통해서 "하목사인가, 나는 지금 숨을 모두어 쉬는 중일세. 지금 하나님 앞으로 가는 길일세, 목사 일 잘 하다가 하나님 앞에서 만나세."라고 말하는 장모의 숨가쁜 음성을 들을 수 있었다고 합니다. 그때 그는 "어머님, 기도 드리겠습니다. 수화기를 꼭 잡으십시오." 하고 말씀드린 후, "하나님 아버지, 어머님의 영혼을 아버지 손에 부탁드립니다. 하나님 앞에 설 때까지 십자가를 놓지 않게 하옵소서." 기도를 마치자 그녀는 하늘 나라로 갔습니다. 그녀의 신앙고백을 과연 어리석다고 말할 수 있겠습니까? 기독교는 영생의 소망을 주는 종교입니다.

우리 하나님은 우리에게 영생을 약속하셨습니다.

성경은 말씀합니다. "하나님이 세상을 이처럼 사랑하사 독생자를 주셨으니 이는 저를 믿는 자마다 멸망치 않고 영생을 얻게 하려 하심이니라"(요한복음 3:16), "내가 진실로 진실로 너희에게 이르노니 내 말을 듣고 또 나 보내신 이를 믿는 자는 영생을 얻었고 심판에 이르지 아니하나니 사망에서 생명으로 옮겼느니라"(요한복음 5:24), "내가 저희에게 영생을 주노니 영원히 멸망치 아니할 터이요 또 저희를 내 손에서 빼앗을 자가 없느니라"(요한복음 10:28).

하나님은 우리에게 영생을 약속하셨습니다. 성경은 말씀합니다. "그가 우리에게 약속하신 약속이 이것이니 곧 영원한 생명이니라"(요한일서 2:25). 그러므로 우리는 무덤 저편에 있는 하늘 나라에서 영원히 살게 됩니다. 우리가 그리던 주님을 모시고 기쁘게 찬송을 부르며 살 것이요, 세상에서 헤어졌던 성도들을 만나 기쁜 삶을 살게 될 것입니다. 그렇습니다. 사람은 누구나 행복하고 영원한 삶을 바라지만 죽음 앞에서는 그 소망이 무참히 무너지고 맙니다.

많은 사람들이 짧은 인생을 허비하며 살아가고 있습니다. 그러나 하나님을 믿고 살아가는 우리의 인생을 가치있고 보람있게 사용할 수 있습니다. 우리 하나님은 우리에게 믿음, 소망, 사랑을 주십니다. 우리 인생을 윤택하게 하십니다.

우리의 죽음 이후의 영원한 나라 천국을 예비하시고 우리를 인도하십니다. 그러므로 우리는 하나님을 사랑하고 섬기며, 그분의 도우심을 받아 인생을 행복하고 가치있고 보람있게 살아갈 수 있습니다.

여러분, 하나님은 시간의 주인이시며 인간은 시간의 관리인입니다. 하나님은 우리 인생의 주인이십니다. 생명의 주인이십니다. 우리는 우리의 인생이 짧고 수고와 슬픔뿐임을 알고, 시간의 주인이 되시며 우리를 영원한 천국으로 인도하시는 전능하신 하나님을 믿고 사랑합시다. 그의 도우심을 받아 우리의 남은 인생을 성공적으로 살고, 보람있는 인생으로 가치있는 행복한 삶을 살아가시기를 기원합니다. 아멘.

2001. 10. 23(장년부)

복된 삶

복 있는 사람은 악인의 꾀를 좇지 아니하며 죄인의 길에 서지 아니하며 오만한 자의 자리에 앉지 아니하고 오직 여호와의 율법을 즐거워하여 그 율법을 주야로 묵상하는 자로다

(시편 1:1-2)

복된 삶

미국에서 지난 1988년 봄에 있었던 일입니다. 어머니가 사다준 복권이 당첨되어 26세의 나이에 2,071만 $, 당시 한화로 약 240억 원을 받아 일약 갑부가 된 폴 쿠니라는 청년이 있었습니다. 평범한 자동차 수리공이었던 쿠니는 당첨금을 받자마자 자신이 일하던 자동차 판매 회사를 사들였습니다. 도너츠 가게 종업원으로 맞벌이하던 아내는 당첨 직후에 가진 인터뷰에서 "복권에 당첨됐어도 전과 변함 없이 일을 계속하겠다."며 조신한 말을 해서 주위의 칭찬을 들었으나 언론의 관심이 줄어들자 곧바로 도너츠 가게를 그만 두고 사치스런 생활을 즐기기 시작했습니다. 많은 사람이 쿠니의 복권 당첨을 '불행 끝, 행복 시작'이라며 부러워했지만 사실은 복권 당첨은 불행의 시작이었습니다. 쿠니의 회사는 잘못된 경영으로 1년도 못되어 문을 닫았고, 3년 뒤에는 아내와도 이혼하게 되었습니다. 그 후 재혼을 했지만 다시 이혼했고, 두 번의 이혼으로 엄청난 위자료를 지불했습니다. 새로 시작한 사업도 제대로 되지 않아 결국 쿠니는 11년 만에 오히려 500만 달러의 빚까지 얻은 채 파산하고 말았습니다.

얼마 전 재미교포 이모 여인 역시 복권에 당첨되어 받은 234억 원을 8년만에 탕진하고 친구집에서 기거하며 국수와 야채로 연명하고 있다는 소식을 들을 수 있었습니다. 파산하게 된 가장 큰 이유는 분수에 넘치는 생활을 했기 때문이었습니다.

복된 삶이 무엇입니까? 돈만 많으면 행복하고 복된 삶이겠습니까? 아닙니다. 돈 때문에 오히려 불행을 초래하는 일을 우리는 얼마든지 보아왔습니다. 이처럼 복은 물질만으로 결정되는 것이 아닙니다.

그렇다면 복된 삶은 무엇입니까? 오늘 성경은 말씀합니다. "복 있는 사람은 악인의 꾀를 좇지 아니하며 죄인의 길에 서지 아니하며 오만한 자의 자리에 앉지 아니하고 오직 여호와의 율법을 즐거워하여 그 율법을 주야로 묵상하는 자로다"(시편 1:1-2).

복된 삶은 한마디로 죄악을 멀리하는 삶입니다. 그리고 복의 근원이신 하나님을 사랑하고 하나님께 순종하는데 있습니다. 죄를 가지고는 행복할 수 없습니다. 결국 다 밝혀집니다.

각종 의혹, 부정 사건이 왜 터집니까? 세상에는 비밀이 없습니다. 죄는 숨길 수 없습니다. 결국 다 드러나고 맙니다. 죄인은 결국 죄의 값을 받고 맙니다. 그러므로 죄를 멀리해야 합니다. 죄를 멀리하는 것이 복 있는 삶입니다.

죄를 지으면 불안합니다. 불안하면 평안이 없습니다. 평안이 없는데 무슨 기쁨이 있으며 무슨 행복이 있겠습니까? 그러므로 죄를 지으면 행복한 생활을 할 수 없습니다.

그런데 문제는 우리 모든 사람이 다 죄인이라는데 있습니다. 우리는 어떤 모양으로든지 죄를 지어가며 살아가고 있습니다.

나라모라는 유명한 심리학자는 인간의 심리학적인 모든 문제의 99%는 죄의 문제라고 했습니다. 어떤 심리학자가 미국에서 사회적으로 유명하고 존경받는 도덕적인 사람 12명에게 "도망가라. 모든 것이 폭로되었다."는 협박 전보를 했더니, 24시간 이내에 12명이 모두 국외로 도망을 갔다는 웃지 못할 이야기도 있습니다.

우리 인생은 모두가 조상 아담이 지은 원죄를 가지고 태어났습니다. 그리고 우리의 생활 속에 매일 죄를 짓고 살아갑니다.

성경은 말씀합니다. "의인은 없나니 하나도 없으며"(로마서 3:10).

우리 모두는 죄인입니다. 우리는 항상 죄를 지을 수밖에 없는 연약한 사람들입니다. 이 세상에서 죄를 짓지 않고 사는 사람은 아무도 없습니다. 그러나 이 죄를 가지고는 우리가 복된 삶을 살아 갈 수 없습니다. 왜냐하면 복을 주시는 하나님은 죄를 미워하시기 때문입니다. 죄를 가지고는 하나님 앞에 설 수 없습니다.

그런데 우리 하나님은 죄인인 우리 인생을 사랑하셨습니다. 놀라운 새로운 길을 보여주셨습니다. 보람있고 행복한 삶을 보여주셨습니다. 그래서 하나님은 죄를 없애고 깨끗하게 살아가는 방법을 보여주셨습니다.

"하나님이 세상을 이처럼 사랑하사 독생자를 주셨으니 이는 저를 믿는 자마다 멸망치 않고 영생을 얻게 하려 하심이니라"(요한복음 3:16).

하나님은 우리 인생들을 사랑하셨습니다. 죄를 지은 인생은 모두 하나님의 심판을 받아 죽어야 하고 지옥의 심판을 받아야 했습니다. 그래서 하나님은 우리 인류를 구원하기 위하여 하나님 자신이 사람의 몸을 입고 이 세상에 오셨습니다. 그분이 바로 예수 그리스도이십니다. 갈보리산에서 우리의 모든 죄를 대신하여 십자가를 지시고 죽어주셨습니다. 그리고 사흘만에 다시 살아나셨습니다. 그리고 하늘 나라로 올라가셨습니다. 그리고 누구든지 예수님을 믿는 자, 즉 하나님을 믿는 자에게는 그의 모든 죄를 용서하셨습니다. 어떤 죄인이라도 무슨 죄를 지어도 하나님을 믿는 자에게는 그의 모든 죄를 용서해 주셨습니다.

성경은 말씀합니다. "만일 우리가 우리 죄를 자백하면 저는 미쁘시고 의로우사 우리 죄를 사하시며 모든 불의에서 우리를 깨끗하게 하실 것이요"(요한일서 1:9).

하나님은 우리 인생을 사랑하셨습니다. 그래서 우리 인생이 정말 보람있고 행복하게 살 수 있는 길을 보여주셨습니다. 우리 인생에게 영원히 사는 길을 보여주셨습니다.

복된 삶은 우리의 죄를 회개하고 복의 근원이신 하나님을 섬기고 사랑하는데 있습니다. 하나님께로 돌아와야 합니다.

어떤 남자가 1981년도에 미국으로 이민을 갔습니다. 그는 그 곳에서 자동차 정비 공장을 세워 많은 돈을 벌었습니다. 그는 본래 기독교 가정에서 자라나기는 했지만, 이국 땅에서 돈을 벌고 출세를 하다보니 곧 방탕한 생활에 빠지게 되었습니다. 술을 좋아해서 힝싱 술을 끼고 살았습니다. 그는 늘 죄를 짓고 죄와 가까이 하는 생활을 했습니다. 그러던 어느날 건강이 좋지 않아 병원에서 진찰을 받았는데, 간에 물이 찼으니 당장 술을 끊지 않으면 몇 달 살지 못할 것이라는 사형 선고를 받게 되었습니다. 그 순간, 그는 '내가 하나님의 심판을 받는구나! 내 죄 값을 치르게 되는구나!' 하는 생각이 들었습니다. 자기가 생각하기에도 자신의 과거가 참 부끄러웠던 것입니다. 그는 오랫동안 떠났던 교회를 찾아가 기도하며 철저히 죄를 회개했습니다. "하나님, 회개합니다. 저를 도와주시옵소서. 건강을 주시옵소서." 3개월 동안 새벽 기도로, 철야 기도로, 매일 밤낮으로 기도했습니다. "하나님, 저를 살려 주시면 이제 하나님을 위해 살겠습니다." 그때 하나님께서 그에게 능력과 권능을 주셔서 질병으로 죽어가던 몸이 치료받고 새로워지게 되었습니다. "건강을 주신 하나님, 이제부터 저는 하나님을 위해 살겠습니다." 하고 다시 기도했습니다. 그는 자동차 정비 공장과 판매 회사를 합병해 자동차 회사를 만들고 "하나님, 이 회사는 하나님의 회사이고, 저는 하나님의 회사에서 일하는 일꾼이요 종업원입니다. 하나님이 붙드시고 도와주시옵소서." 하고 기도했습니다. 그리고 그 후로는 직원들을 모아놓고 아침마다 예배를 드리며 기도했습니다. 그러자 하나님께서 축복해 주셔서 사업도 성공하고 물질의 축복도 많이 받게 되었습니다. 그래서 그는 하나님께 받은 재물의 축복에 보답하기 위해서 남미의 여러 나라에 선교 활동까지 시작했습니다.

복된 삶은 죄를 멀리하는 것입니다. 죄를 회개하는 것입니다. 그리고 복의 근원이신 하나님을 믿고 그의 말씀에 순종하는데 있습니다. 죄를 가까이 하고 교만하고 불순종에 빠진 사람은 반드시 하나님 앞에 심판을 받습니다. 책망을 받습니다. 죄를 지으면 반드시 그 죄에 대한 대가를 치러야 합니다. 그러나 하나님 앞에 회개하면 하나님께서 용서하시고 구원하십니다. 하나님은 우리의 모든 형편과 처지를 다 알고 도와 주십니다. 우리는 복된 삶을 살 수 있습니다.

켄터키라는 사람은 이십대 초반에 결혼을 했다고 합니다. 그는 큰 꿈을 가지고 사업을 시작했으나 완전히 망하게 되었고, 그러자 부인은 도망을 가버렸습니다. 돈도 잃고 부인도 잃으니 살고 싶은 의욕이 없었습니다. 그는 죽고 싶어서 술을 잔뜩 마시고 수면제를 먹은 상태로 고속도로를 달렸습니다.

한참 가다가 맥은 풀리고 힘이 없어서 길가에 차를 세우고 있었습니다. 그런데 어떤 사람이 지나가다가 쓰러져 있는 켄터키를 보았습니다. 그래서 구급차를 불러 병원으로 후송하고 수면제를 토하게 해서 생명을 살렸습니다. 의식을 찾은 켄터키는 화가 났습니다. "누가 내 생명을 살렸느냐? 나는 죽어야 할 사람인데." 켄터키는 자기를 살려준 사람에 대해서 분노를 느끼며 링겔을 던졌지만 병원에서는 그를 진정시켰습니다. 그리고 그때부터 금식이 아닌 굶식을 했습니다. 3일을 굶은 어느날 아침이었습니다. 복도에서 어느 여인의 노랫소리가 들렸는데 그 소리가 무척이나 흥겨웠습니다. 복도로 나가 가만히 바라보니 중년의 흑인 청소부 아주머니가 복도를 청소하고 있었습니다. 그런데 발뒤꿈치를 보니 동전이 들어갈 정도의 크기로 세 군데나 갈라져 있었습니다. 너무도 초라한 모습의 흑인 부인이 "내 주를 가까이 하려함은 십자가 짐 같은 고생이나 내 일생 소원은 늘 찬송하면서 주께 더 나가기 원합니다"라는 찬송을 부르며 청소를 하고 있었습니다. 그런데 그 때 켄터키는 예수를 믿지 않는 불신자였습니다. "이상하다. 흑인에다가 청소부 주제에 뭐가 그렇게 좋아서 흥얼거리나!" 하고 속으로 생각했습니다. 그런데 돌아서서 걸어오는 그녀의 얼굴을 보니 천사처럼 빛을 발했습니다. 눈동자가 빛이 났습니다. 하도 신기해서 "아줌마, 뭐가 그렇게 기쁩니까?" 그랬더니, "예수 믿고 구원받으니 기쁘지요." "예수 믿으면 그렇게 기쁜 것입니까?" "그럼, 청년도 예수 믿으면 나보다 더

기뻐할 것입니다." 이렇게 되어 이 청년이 예수를 알게 됩니다. 이 흑인 여인으로부터 예수님을 영접받게 되었습니다. 그는 자신의 죄악된 생활을 회개했습니다. 죄를 청산하고 하나님 앞으로 나아왔습니다. 하나님을 믿고 그 말씀대로 살기로 작정했습니다.

나중에 그가 병원에서 나올 때 흑인 아줌마가 돈을 좀 주었습니다. 그래서 그것을 가지고 오는 길에 닭을 한 마리 샀습니다. 그것으로 부위별로 칼로 잘라 튀겼는데 맛이 좋아서 "이것은 나 혼자 먹어선 안되겠다. 밖에 나가 팔아봐야겠다."고 생각하여 한 마리를 팔아서 닭 세 마리를 샀습니다. 그 세 마리를 요리해서 팔아 아홉 마리를 샀답니다. 닭 요리가 맛있다고 소문이 나자 켄터키 '후라이드 치킨'이라고 써 붙여 놓고 그때부터 팔기 시작했는데, 그것이 바로 오늘날 세계적인 체인점이 되었습니다.

그는 억만장자가 되었습니다. 그가 늘 부르는 찬송은 "내 주를 가까이 하게 함은"이었습니다. 그가 배운 대로 말입니다.

> 천성에 가는 길 험하여도
> 생명길 되나니 은혜로다
> 천사 날 부르니 늘 찬송하면서

주께 더 나가기 원합니다.

켄터키는 이 찬송을 늘 부르면서 기쁨으로 일을 했습니다. 그는 돈을 벌기 시작했고, 세 가지 일을 했습니다. 하나는 나이 많아 오갈 데 없는 노인들을 위한 양로원을 만들어서 후원하고, 그 다음에는 부모가 없는 고아들을 돕는 고아원을 지원하는 일을 하고, 그 다음에는 복음을 전하는 일에 목숨을 건 선교사들을 돕는 일을 시작했습니다. 그가 계속해서 돈을 벌게 되자 이런 사업을 많이 하게 되었습니다. 결국 1986년도에 켄터키가 세상을 떠났을 때 미국 남부의 많은 사람들이 울었다는 말을 들었습니다.

켄터키는 세상을 떠났지만 켄터키 후라이드 치킨은 지금도 우리에게 좋은 맛을 주고 있습니다. 그리고 지금도 그가 남겨놓은 고아원과 양로원과 선교사도 활동하고 있습니다.

여러분, 복된 삶이 무엇입니까? 죄를 멀리하는데 있습니다. 우리 모두는 죄인입니다. 과거에 하나님을 모를 때 지은 죄는 다 회개하고 우리 마음속에 하나님을 믿고 영접하여, 하나님의 말씀대로 사는 것이 복된 삶입니다. 하나님은 복의 근원이십니다. 하나님을 믿고 우리의 남은 세월 동안 복된 삶을 살아가지 않으시렵니까? 아멘.

2001. 10. 24(장년부)

내가 궁핍하므로 말하는 것이 아니라 어떠한 형편에든지 내가 자족하기를 배웠노니 내가 비천에 처할 줄도 알고 풍부에 처할 줄도 알아 모든 일에 배부르며 배고픔과 풍부와 궁핍에도 일체의 비결을 배웠노라 내게 능력 주시는 자 안에서 내가 모든 것을 할 수 있느니라

(빌립보서 4:11-13)

행복한 삶

AD 900년대 초 사라센 제국의 8대 왕 압둘 라만 3세는 49년간 당시 세계 최강국의 통치자로 나라를 다스렸습니다. 그 당시 그의 연간 세입은 3억 3천 6만 달러였고, 3,321명의 후궁을 거느렸는가 하면, 자녀는 616명이나 되었다고 합니다. 그러나 그가 마지막 숨을 거둘 때 "오랜 세월의 영예로운 통치에도 불구하고 진정한 행복을 누린 날은 단 14일 뿐이었다."고 말했습니다. 반세기 동안 사라센 제국의 영화를 한몸에 담았던 압둘 라만의 14일간의 행복 이야기는 우리에게 시사하는 바가 큽니다. 그리고 가장 불행한 사람은 밤낮을 가리지 않고 주색에 빠진 채 세월을 보내는 사람들이라는 갤럽의 조사결과 역시 주는 바 교훈이 큽니다.

　부귀 영화를 누린다 해서 반드시 행복한 것은 아닙니다. 많은 돈 때문에 불행해지는 사람들이 얼마나 많습니까? 오히려 권세 때문에 비극을 초래하는 일들이 또한 얼마나 많습니까? 인기와 명예 때문에 행복하지 못한 사람들도 많습니다.

　미국의 노벨문학상 수상 작가인 존 스타인벡(1902~68)의 중편소설 '진주'에 나오는 이야기입니다. 키노와 그의 아내 조안나는 어부였습니다. 그들은 어느날 크고 값진 진주를 발견하게 되었습니다. 그래서 그들은 모든 가난이 끝나고 이제 행복한 삶만 남았다고 생각했습니다. 그러나 이들이 큰 진주를 찾았다는 소문이 삽시간에 온 동네에 퍼지자 동네 사람들은 그 진주를 보기 위해 늘 키노의 오두막집을 기웃거렸습니다. 하루는 키노 부부가 몸이 아파 병원을 찾아갔습니다. 그런데 이전에 그들의 아이가 다쳤을 때는 쳐다보지도 않았던 의사는 몇 차례나 그의 집을 찾아와 과잉친절을 베풀었습니다. 그뿐만 아니라 도회지의 진주 장사들은 그 진주를 헐값에 사기 위해서 폭력배를 동원해 그들 부부를 협박까지 했습니다. 심지어 밤중에는 강도가 침입하기도 했습니다. 키노는 진주를 지키기 위해 격투까지 벌여야 했습니다. 결국 그들은 진주를 깊은 바다 속에 다시 던져버리고 말았습니다. 물질은 우리에게 진정한 행복을 주지 못합니다.

모든 사람은 행복하게 살기를 원합니다. 그런데 모두가 다 행복한 것은 아닙니다. 그러면 누가 행복한 사람입니까?

오늘 성경말씀에서 위대한 사도 바울은 이렇게 고백합니다. "내가 궁핍하므로 말하는 것이 아니라 어떠한 형편에든지 내가 자족하기를 배웠노니 내가 비천에 처할 줄도 알고 풍부에 처할 줄도 알아 모든 일에 배부르며 배고픔과 풍부와 궁핍에도 일체의 비결을 배웠노라 내게 능력 주시는 자 안에서 내가 모든 것을 할 수 있느니라"(빌립보서 4:11-13).

행복한 사람은 한마디로 자신의 삶에 자족하는 사람입니다. 현재 나의 삶에 만족할 줄 아는 사람이 행복한 사람입니다. 문제는 우리가 만족하지 못하는데 있습니다. 항상 더 많은 것을 바라고 욕심을 냅니다.

미국의 억만장자 록펠러에게 물었습니다. "당신은 그렇게 많은 돈을 벌었는데 이제 만족하십니까?" 그때 그는 이렇게 대답했습니다. "아니요, 만족하지 않습니다." "그러면 얼마나 더 원하십니까?" 그때 그는 "조금만 더"(a little more)라고 대답했습니다.

사람의 욕심은 끝이 없습니다. 현대인들에게는 끝없는 소유욕으로 만족할 줄을 모릅니다. 그래서 사람들은 불만족 중

후군에 시달리고 있습니다.

IMF의 외풍이 거세게 몰아치고 있을 때, 사업에 실패한 것은 비관한 중소기업 사장이 스스로 목숨을 끊은 사건이 있었습니다. 이 중소기업인에게는 사랑하는 아내와 남매, 그리고 정든 집과 회사가 그대로 남아 있었습니다. 그런데 뇌성마비로 거동조차 불편한 어느 소녀가 이런 시를 지상에 올렸습니다. "나는 감사해요. 너무 감사해요. 내가 오늘 이렇게 살아 있음을. 내가 오늘 이처럼 숨쉬고 있음을. 내가 오늘 이토록 주님을 그리워할 수 있음을…" 이라고.

중증장애자였던 그녀에게는 자신을 돌보는 홀어머니와 자그마한 전셋방이 소유의 전부였습니다.

현재 나의 삶에 만족하는 삶 이것이 행복의 비결입니다.

그런데 왜 인생이 만족하지 못합니까? 거기에는 본질적인 문제가 있습니다. 우리 인류의 조상 아담과 하와가 에덴동산에서 하나님께서 주신 축복 속에 행복하게 살았습니다. 그런데 마귀가 그들을 찾아와 유혹하여 욕심을 부리게 만들었습니다. 하나님께서 주신 만족한 생활에 불만을 가지게 했습니다. 그래서 하나님께서 금하신 선악과를 따먹는 불순종의 죄를 짓고 말았습니다. 이 세상에는 죄악으로 인하여 불행이 들어왔습니다. 그 불행은 욕심이었고 불만족에서 시작되었습니다.

이 죄악으로 인해 세상에는 불행이 찾아왔습니다. 거짓말, 살인, 전쟁이 일어나기 시작했습니다. 그리고 죄의 결과 우리 모든 사람은 죽음을 맛보아야 했습니다. 이 죽음은 피할 수 없습니다. 이것은 우리 인생이 죄인이기 때문입니다. 이 죄악을 가지고는 우리가 행복한 삶을 살 수 없습니다.

성경은 말씀합니다. "의인은 없나니 하나도 없으며"(로마서 3:10).

우리 모두는 죄인입니다. 우리는 항상 죄를 지을 수밖에 없는 연약한 사람들입니다. 죄를 짓지 않는 사람은 아무도 없습니다. 그러나 이 죄를 가지고는 하나님 앞에 설 수 없습니다.

그런데 우리 하나님은 죄악 속에 살아 가는 우리 인생을 사랑하셨습니다. 우리에게 놀라운 행복한 삶을 보여주셨습니다. 그것은 바로 하나님의 사랑입니다. 그래서 하나님은 죄를 없애고 깨끗하고 행복하게 살아가는 방법을 보여주셨습니다.

성경은 말씀합니다. "하나님이 세상을 이처럼 사랑하사 독생자를 주셨으니 이는 저를 믿는 자마다 멸망치 않고 영생을 얻게 하려 하심이니라"(요한복음 3:16).

하나님은 우리 인생들을 사랑하셨습니다.

죄를 지은 인생은 모두 하나님의 심판을 받아 죽어야 하고 지옥의 심판을 받아야 했습니다. 그래서 하나님은 우리 인류를 구원하기 위하여 하나님 자신이 사람의 몸을 입고 이 세상에 오셨습니다. 그분이 바로 예수 그리스도이십니다. 우리의 모든 죄를 대신하여 갈보리산에서 십자가를 지시고 죽어주셨습니다. 그리고 사흘만에 다시 살아나셨습니다. 그리고 하늘나라로 올라가셨습니다. 그리고 누구든지 예수님을 믿는 자 즉 하나님을 믿는 자에게는 그의 모든 죄를 용서하셨습니다. 어떤 죄인이라도 무슨 죄를 지었어도 하나님을 믿는 자에게는 그의 모든 죄를 용서하십니다.

성경은 말씀합니다. "만일 우리가 우리 죄를 자백하면 저는 미쁘시고 의로우사 우리 죄를 사하시며 모든 불의에서 우리를 깨끗게 하실 것이요"(요한일서 1:9).

하나님은 우리 인생을 사랑하셨습니다. 그래서 우리 인생이 정말 보람있고 행복하게 살 수 있는 길을 보여주셨습니다. 우리 인생에게 영원히 사는 길을 보여주셨습니다.

그러므로 예수님 안에서 우리는 보람있는 인생을 살 수 있습니다. 행복한 인생을 살아갈 수 있습니다. 예수님 안에 참된 만족이 있고 영원한 하나님의 나라가 있기 때문입니다.

참된 행복이란 소유에 있기보다는 삶의 자세에 있습니다.

여러 사람을 마구잡이로 살해했던 '지존파'라는 20대 초반의 청년들이 있었습니다. 자신들과는 아무 관계도 없는 지나가는 사람들을 짐승처럼 죽여서 토막을 내고 불에 태우는 시설까지 해놓았습니다. 게다가 더 많은 사람을 죽이기 위해서 기관총을 사들이려는 계획까지 세웠습니다. 사람을 죽이기 위해서 태어난 사람들 같습니다. 처음에는 "오렌지족들이나 야타족들이 보기 싫으니 그런 놈들을 다 죽이기로 작정했다."고 했습니다. 그 청년들은 모두 붙잡혔습니다. "너희들, 다른 사람을 그렇게 마구잡이로 죽이고서도 온전할 줄 알았느냐?"며 호통치면 고개를 푹 숙이고 "죽을 죄를 지었습니다." 할 줄 알았습니다. 그런데 머리를 꼿꼿이 들고 "우리가 평생 살아봐야 50년 밖에 더 살겠소. 까짓껏 50년 더 사나 미리 죽으나 그게 그거 아니요." 하며 도리어 큰소리를 쳤습니다.

이 불행의 늪에 빠졌던 죄인들에게 하나님의 사랑이 임했습니다. 그 지존파의 두목 김현양이 회개하고 예수님을 믿어

새사람이 되었습니다. 그는 사형되기 전 마지막으로 이런 말을 남겼습니다. "참회합니다. 저 같은 사람도 예수 그리스도를 믿음으로 구원받는다는 이 신비를 온 천하에 전하고 싶습니다. 그동안 저를 위해 수고하신 직원들과 사랑을 아끼지 않으신 자매와 목사님, 모두에게 감사드립니다. 그리고 하늘 나라에 갈 것을 확신합니다. 그 곳에서 여러분을 만나고 싶습니다." 기독신우회 회원들이 그의 마지막 길에 찬송가를 불러 주었습니다.

> 나 같은 죄인 살리신 주 은혜 놀라와
> 잃었던 생명 찾았고 광명을 얻었네
>
> 하늘 가는 밝은 길이 내 앞에 있으니
> 슬픈 일을 많이 보고 늘 시험하여도
> 하늘 영광 밝음이 어둔 그늘 헤치니
> 예수 공로 의지하여 항상 빛을 보도다

이 찬송을 부르는 순간 그는 이 세상을 떠났습니다. 1995년 11월 2일의 일입니다. 그는 200여 명에 달하는 장기수들을 주님께로 인도했습니다. 주님 안에서 그는 천사로 변해 버린 것입니다.

시인 송명희는 태어날 때부터 뇌성마비 장애아였습니다.

의사가 어머니의 태 안에 있는 아기의 뇌를 집게로 잘못 건드려 소뇌가 손상되었습니다. 결국 신체의 움직임을 조절하는 소뇌가 제 기능을 다하지 못하게 되면서 그녀는 일생동안 뇌성마비 장애인으로 살게 되었습니다. 뇌성마비 장애인인데다 집안은 너무도 가난했습니다. 그녀는 분유 한 통 제대로 먹을 수 없는 상황 속에서도 일곱 살 때까지 꼼짝없이 누워있어야만 했습니다. 열 살이 되어서야 비로소 밥숟가락을 스스로 쥘 수 있게 되었습니다. 그녀의 아버지는 결핵에 시달렸기 때문에 매일 콜록거리는 기침 소리와 함께 살아야 했습니다. 그녀는 객관적으로 보아도 어느 것 하나 '공평하다'는 말이 나올 수 없는 절망적인 상황이었습니다. 그녀는 처음에는 하나님과 부모님을 수없이 원망했습니다. 비탄에 빠진 욥과 같이 자신의 탄생을 저주하기도 했습니다. "왜 내가 세상에 태어나서 이런 고생을 할까?" 하며, 그녀는 청소년 시기에 한때 자살을 기도하기도 했습니다. 그러나 모태신앙이었던 그녀는 그러한 비참한 모양으로 그냥 죽을 수만은 없었습니다. 17세 때 "죽더라도 하나님을 만나고 죽어야겠다."는 생각으로 하루에 몇 시간씩 목숨을 거는 절박한 기도를 했습니다. 자신을 뇌성마비 장애인으로 세상에 나오게 하신 하나님의 뜻에 절규하면서 하나님을 찾았습니다. 마침내 그녀는 생명을 걸고 드리는 기도 가운데 하나님의 환상을 보았습니다. 그녀는 자신의 환상 속에서 뚜렷하게 떠오르는 하나님의 계시를 글씨로 보았던 것입니다. "하나님을 믿어라. 네가 하나님을 믿지 않으면 정녕 죽으리라."는 내용이었습니다. 그녀의 삶은 비로소 거듭났습니다. 수심이 가득한 표정에서 밝은 표정의 하나님의 딸로 거듭난 것입니다. 그리고 어떠한 상황 속에서도 "내가 너를 버리지 않겠노라."는 확신 속에서 하나님을 신뢰하기 시작했습니다. 그녀는 인생이 완전히 바뀌었습니다. 불행이 아닌 행복의 삶으로 바뀌었습니다. 불만이 아닌 만족의 삶으로 바뀌었습니다. 그것은 환경이 바뀐 것이 아니라 그녀가 행복의 근원이신 하나님을 만났기 때문입니다.

그녀는 시를 기록했습니다.

> 나 가진 재물 없으나
> 남이 가진 지식 없으나
> 남에게 있는 건강 있지 않으나
> 남이 갖고 있는 것 갖지 않았으나
> 나 남이 보지 못한 것을 보았고
> 남이 듣지 못한 음성 들었으며
> 남이 받지 못한 사랑 받았고
> 남이 모르는 것 깨달았네
> 공평하신 하나님이
> 남이 가진 것 나 없지만
> 남이 없는 것을 갖게 하셨네

그녀는 참된 행복을 발견했습니다. 장애인들뿐만 아니라 모든 사람들에게 큰 용기와 도전과 소망을 주고 있습니다. 만약에 그녀가 자신의 행복을 외형적인 것에서 찾았다면 그녀는 오늘도 여전히 세상 속에서 방황하고 있거나 죽고 말았을 것입니다. 만약에 송명희 시인이 인간이 소유하고 있는 물질 속에서 행복을 찾았다고 한다면 아직도 그녀는 빛을 보지 못했을 것입니다. 만약에 송명희 시인이 하나님의 눈으로 자신을 보지 않고 인간의 시각으로 보았다면 아직도 그녀는 눈물에 젖어있는 생활을 하고 있을 것입니다.

그러나 그녀는 하나님을 찾았습니다. 신앙과 믿음이라는 하나님의 보화를 자신의 내면에서 찾은 것입니다. 그 보화를 찾았기에 그녀는 '공평하신 하나님'을 보았습니다. 세상적인 눈과 시각으로는 찾을 수 없는 신앙의 행복을 느낀 것입니다.

여러분들도 신앙 안에서 행복을 찾으시기 바랍니다. 하나님은 우리의 참된 행복이 되십니다. 우리를 행복하게 만들어 주시는 하나님이십니다. 이 시간 하나님을 영접함으로 참된 행복을 찾으시길 바랍니다. 아멘.

2001. 10. 24(장년부)

가장 중요한 것

■
초판 1쇄 인쇄 / 2002년 10월 5일
초판 1쇄 발행 / 2002년 10월 10일

■
지은이 / 배 굉 호
펴낸이 / 김 수 관
펴낸곳 / 도서출판 영문
122-070 서울시 은평구 역촌동 10-82
☎ (02) 357-8585
FAX • (02) 382-4411

■
출판등록번호 / 제 03-01016호
출판등록일 / 1997. 7. 24

파본은 교환해 드립니다.
본 출판물은 저작권법으로 보호 받는
저작물이므로 출판사나 저자의 허락없이
무단 전재나 무단 복제를 할 수 없습니다.

정가 7,000원
ISBN 89-8487-095-1   03230
Printed in Korea